これだけは知っておきたい！

日本人のための世界の宗教入門

齋藤 孝
Takashi Saito

ビジネス社

はじめに

「教養を身につけたい」という願いは、平安時代の貴族たちから現代人までずっと受け継がれてきています。しかし、身につけるべき教養の内容は、時代によって変化してきています。二十一世紀の世界に生きる私たちにとって必須の教養といえるのが、「世界の宗教」です。世界の宗教に関して無知、あるいは「宗教音痴」という状態では、教養の程度が疑われてしまいます。

この二十年ほどの間に、世界は宗教の力によって大きく動きました。二〇〇一年の9・11事件の衝撃は、二十一世紀が「宗教間の対立をいかに克服していくか」を課題としていくことを、私たちに予感させました。

そして、現在世界は「イスラム国（ＩＳ）」への対処に追われています。過激なテロ行為は断じて許されることではありません。現実的な対処が必要です。日本も例外ではありません。

今、私たち日本人にとってまず必要なことは何か。それは、「理解」です。イスラームとは何かを理解することは、現代日本人の課題となりました。

たとえば、二〇一五年の一一月一三日に「イスラム国」によるパリ同時多発テロという残虐な事件がありました。一一月一三日は、第一次世界大戦後の一九一八年に英仏がオスマン・

トルコ帝国の首都を軍事占領した日です。カリフ国家がこれによって消滅したわけです。過激派「イスラム国」は、この日を「屈辱の日」とし、この日に合わせてテロを決行したとも言われています。

第一次世界大戦の時代は過去ではなく、現在に流れ込んでいるのです。世界の宗教の歴史の基本を「理解」することは、国際社会を生き抜く私たちにとって必須のことになったのです。

私たち日本人は、深刻な宗教対立の世界を日々生きているわけではありません。宗教の違いよりも、日本という共通の基盤をもとに安定した社会を形成してきました。外から見れば、「日本教」ともいうべき独特の慣習と空気を共有しているとも言えます。

そんな状況が、「宗教音痴」とも言われる状態を生んできたわけですが、これからの世界は「宗教理解」抜きでは立ち行きません。

世界の宗教の歴史と本質を学んでいくと、「人間とは何か」がわかってきます。私自身、宗教について学ぶことで、人間観・歴史観を深めることができた喜びを感じています。

この本を読み進めながら、私が感じた「学びの喜び」をともに感じてもらえたら、うれしく思います。

では、ともに、「世界の宗教」の門をくぐりましょう。

日本人のための世界の宗教入門

もくじ

第1章 人間はなぜ宗教を求めるのか

第2章

キリスト教はなぜ世界宗教になれたのか

第3章

宗教改革と現代日本はつながっている

第4章 イスラームの価値を守る人々

第5章

イスラームはどこへ向かうのか

第6章 神がいない仏教の摩訶不思議

第7章 変わる仏教、変わらない仏教

第8章 日本と密接につながっているヒンドゥー教

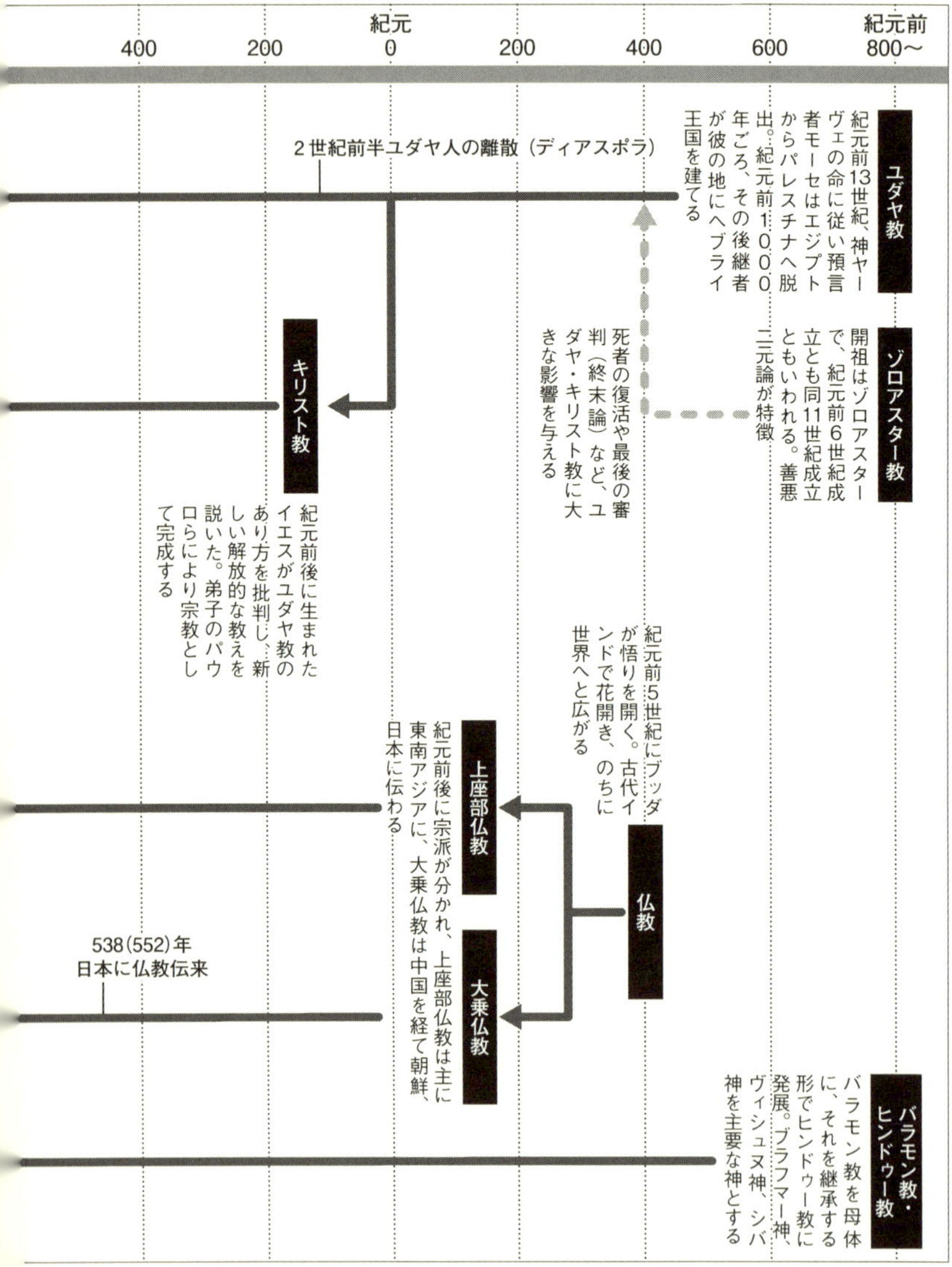

紀元前
800〜
600
400
200
紀元
0
200
400
ユダヤ教
紀元前13世紀、神ヤーヴェの命に従い預言者モーセはエジプトからパレスチナへ脱出。紀元前1000年ごろ、その後継者が彼の地にヘブライ王国を建てる
2世紀前半ユダヤ人の離散（ディアスポラ）
ゾロアスター教
開祖はゾロアスターで、紀元前6世紀成立とも同11世紀成立ともいわれる。善悪二元論が特徴
死者の復活や最後の審判（終末論）など、ユダヤ・キリスト教に大きな影響を与える
キリスト教
紀元前後に生まれたイエスがユダヤ教のあり方を批判し、新しい解放的な教えを説いた。弟子のパウロらにより宗教として完成する
紀元前5世紀にブッダが悟りを開く。古代インドで花開き、のちに世界へと広がる
仏教
上座部仏教
大乗仏教
紀元前後に宗派が分かれ、上座部仏教は主に東南アジアに、大乗仏教は中国を経て朝鮮、日本に伝わる
538(552)年
日本に仏教伝来
バラモン教・ヒンドゥー教
バラモン教を母体に、それを継承する形でヒンドゥー教に発展。ブラフマー神、ヴィシュヌ神、シバ神を主要な神とする

本書に登場する宗教の歴史

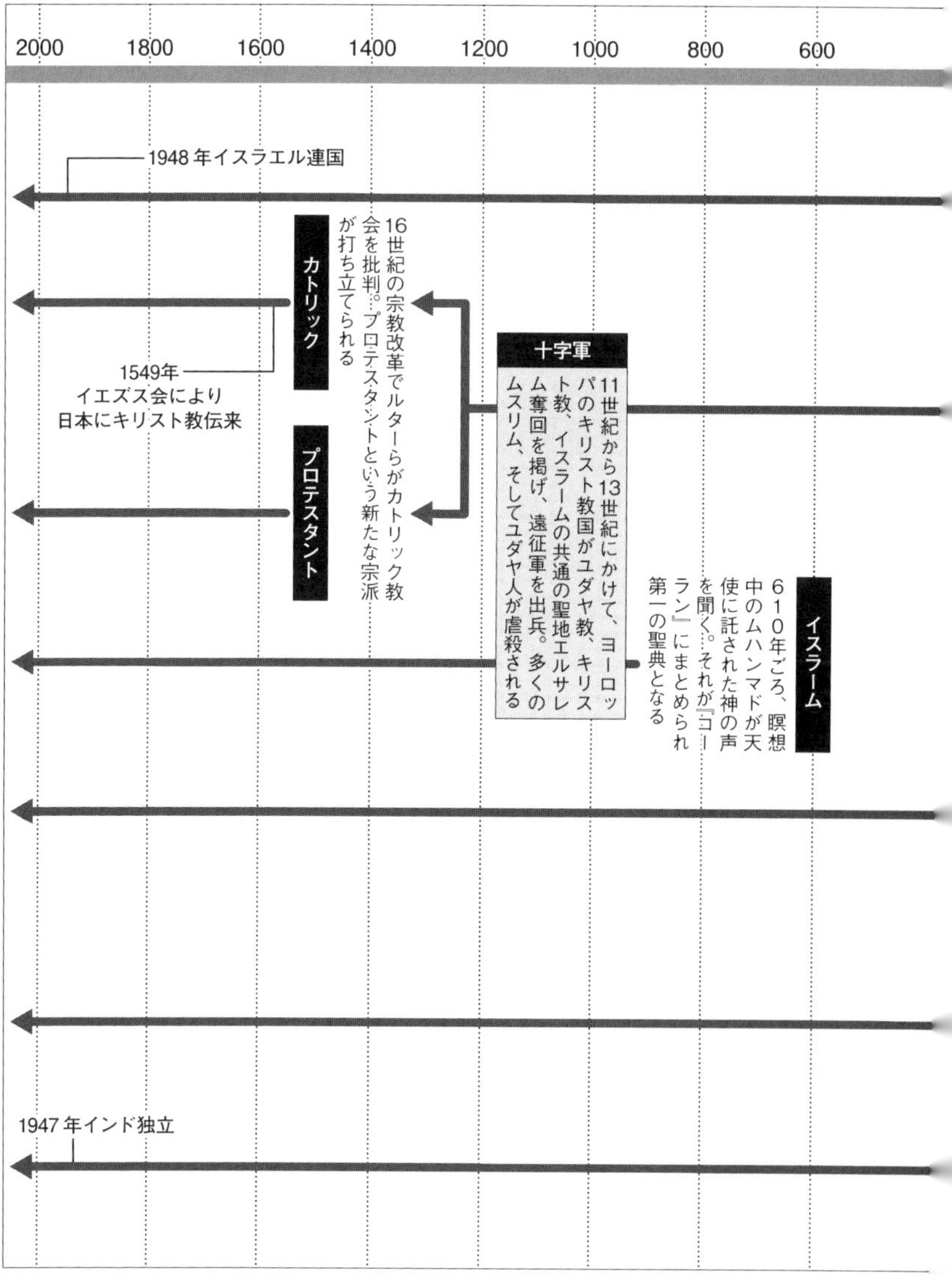

2000
1800
1600
1400
1200
1000
800
600
1948年イスラエル連国
カトリック
プロテスタント
16世紀の宗教改革でルターらがカトリック教会を批判。プロテスタントという新たな宗派が打ち立てられる
1549年
イエズス会により
日本にキリスト教伝来
十字軍
11世紀から13世紀にかけて、ヨーロッパのキリスト教国がユダヤ教、キリスト教、イスラームの共通の聖地エルサレム奪回を掲げ、遠征軍を出兵。多くのムスリム、そしてユダヤ人が虐殺される
イスラーム
610年ごろ、瞑想中のムハンマドが天使に託された神の声を聞く。それが『コーラン』にまとめられ第一の聖典となる
1947年インド独立

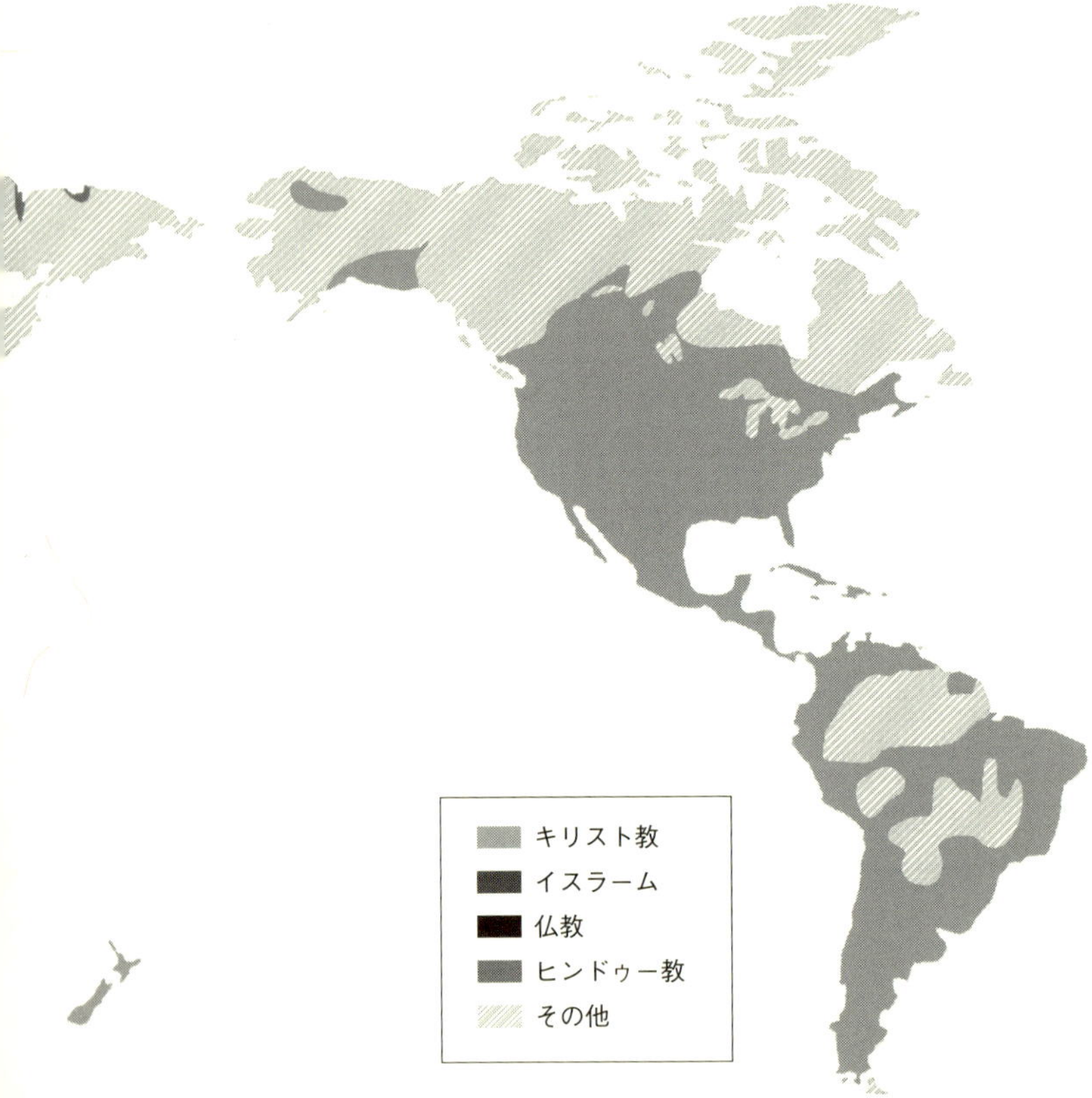
キリスト教
イスラーム
仏教
ヒンドゥー教
その他

世界の主な宗教分布

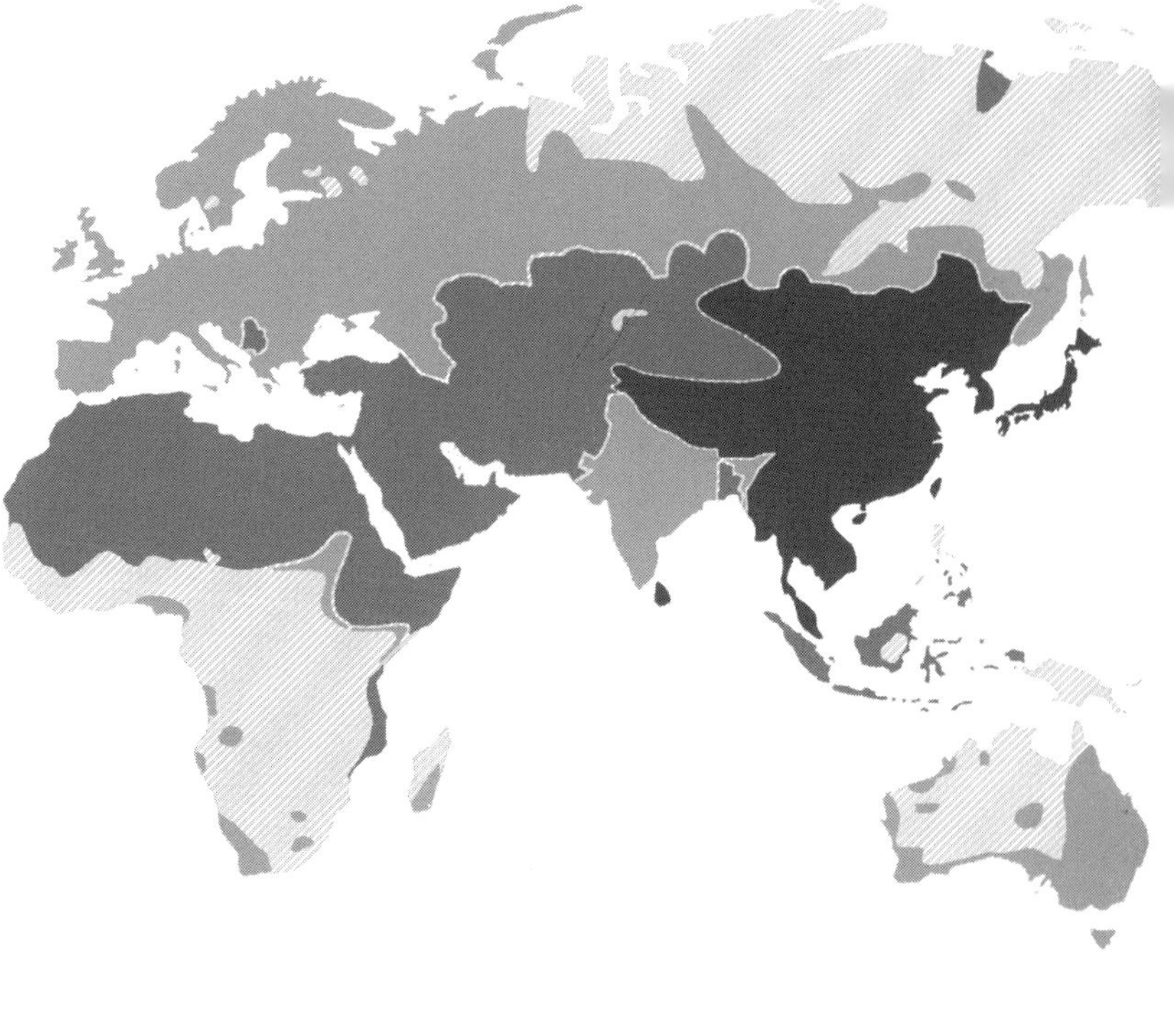

出所：外務省『開発教育・国際理解教育ハンドブック』より作成
※この地図は、あくまでおおまかな宗教分布を示したものです。日本で仏教や神道などがあるように、世界の各地域にはさまざまな宗教・宗派が混在しています

第1章

人間は
なぜ宗教を
求めるのか

今、歴史の逆流が起きている

二十一世紀は科学の時代になる。宗教を信じる人、少なくとも本気で宗教を信じる人は激減し、科学技術万能の時代になる。――二十世紀の半ばには、世界の多くの人がこのように考えていたのではないでしょうか。未来は宗教が廃《すた》れ、科学技術こそが信ずべき対象になるだろうと。

確かに二十世紀も、すでに十五年以上が過ぎた二十一世紀も、科学技術は世界を覆い、私たち人類にさまざまな恩恵を与えてくれています。

しかし、宗教を信じる人が減り、宗教が歴史の世界のみの話になったかというと、決してそうではありません。そのことは、日々の報道に接していれば、誰もがつくづく実感できるはずです。それこそ、イスラーム過激派などのテロに関するニュースは、毎日のように伝えられているのですから。

もちろん、過激なテロの話だけではありません。自分の信じる宗教に帰依《きえ》し、祈り、心静かに穏やかに、神仏とともに過ごしている人は、今も世界に大勢います。二十一世紀の今も、宗教の影響力は依然、大きいままなのです。

ドイツの社会学者であるマックス・ヴェーバーは、近代化を「脱魔術化のプロセスである」

と規定しました。多くの宗教には、非科学的な部分が含まれています。その非科学性を帯びた宗教と科学を称える近代との共存は難しいと、ヴェーバーは考えたわけです。

ヴェーバーの言うように、脱魔術化が図られ続け、時代はそのまま突き進むのかと思いきや、二十世紀の最後近くになって、宗教がぜん盛り返してきた。そう思えるのは、やはりイスラームに勢いがあって、イスラームが脚光を浴びるようになったからです。

この事態はいわば逆行です。ヴェーバーが考えた時代の流れからすると、歴史の逆流であり、宗教の逆襲が起きているといえます。

なお、本書では「イスラム教」を「イスラーム」と表記していきます。その理由は主に三点あります。一つは教えそのものが「イスラーム」であるため、「教」をつけると、重複した表現になるためです。さらに二つ目として、イスラームは宗教としての意味合いだけでなく、社会のあらゆる事柄に対する規定をしているため、三つ目として、「イスラム」より「イスラーム」のほうが本来の発音により近いといわれるためです。

「不安」と「欲望」が宗教を生み出した

それにしても、宗教はどうしてこれほどまでに人を惹きつけるのでしょうか。宗教の根源的な魅力はいったい何なのでしょうか。

人が宗教に惹きつけられるのには、二つの大きな理由があると思います。一つは「不安」で、もう一つは「欲望」です。これらの二つが宗教を生み出したといってもよいでしょう。

まず「不安」についてです。人が何より不安に思うのは「死」についてでしょう。「死ぬのなんか、怖くないし、不安でもないよ」という人もいるかもしれませんが、大方の人にとって「死」は不安だし、怖いものであるはずです。自分の死だけではなく、肉親や愛する人の死も不安だし、そうした死に接すれば、悲しみに包まれることにもなります。

ところで、犬の世界に宗教はありません。「何を当たり前のことを」と思うかもしれませんが、犬にも感情はありますせんね。私は犬を飼っているので、その点、よくわかりますが、犬の感情はたいへん豊かです。喜怒哀楽の情が発達しているのです。

うれしいときには、しっぽを存分に振って、喜びを爆発させます。気に入らない犬や怪しい人を見かけたときには、思いきり吠えて、怒りや不安を表現します。寂しいときや悲しいときには、シュンとなって、ショ ンボリします。安心した心持ちのときには、のんびりだらんと、リラックスしてくつろいでいます。

犬にも不安はあるはずなのに、宗教は生み出していない。これはやはり、ある一定の知性や自意識がないからなのでしょう。当たり前といえば当たり前ではありますが、逆に言うと、知性や自意識を持つ存在は稀有《けう》です。人間は知性や自意識を持っているために宗教を生み出したともいえるのです。

犬などほかの動物にはなく、人間にはあるものには、何があるでしょうか。たくさんありますが、その一つに「先のことを考えすぎる」、あるいは「先のことがわかる」ことが挙げられます。さらには「過去のことを覚えすぎている」ことも挙げられるでしょう。

先のことを考えると不安になる。過去を振り返ると、悔やんだり、恨んだりして、心が乱れる。未来や過去に心を奪われて、今が奪われていく。そうしたことが人間にはしばしば起こります。宗教は人間のこの特性にグッと入り込んできました。

とりわけ死の恐怖。死ぬのは怖い、恐ろしい。この不安や恐怖に対して「来世がある」と言ってもらうことで、心はどこか安らぎます。あるいは「魂は死なない、永遠である」と言われると、救われる気がしてきます。

これがもし仮に、人間が不死の生物で、老いも病も知らず、年齢を重ねるごとにますます元気になっていくような存在ならば、宗教は生まれなかったかもしれません。老いや病や死があり、悔いや恨みや怒りがあり、つらく悲しいことがあるからこそ、宗教は生まれたのでしょう。

魂はいったい不死なのかそうでないのか。そうした議論は、たとえば古代ギリシャのソクラテスなどは盛んに行なっていました。

古代エジプトでは、ファラオ（王）の魂の再生を願ってピラミッドをつくったといわれます。ピラミッドをつくる際は、奴隷が酷使されたとかつては考えられていました。しかし、最近ではむしろ、庶民が好んでピラミッドの建造に関わったという見方もあります。ピラミッドをつくる行為に関わることは宗教的な営為に参加することであり、これは喜ばしくありがたい行為だったということでしょう。

神聖な行事に参加できることの喜びや誇らしさ。魂や来世に託す思い。これらは、不安や恐怖があるからこそ芽生えてくる気持ちだといえるのです。

欲望を抑える「スーパーエゴ」としての宗教

もう一つの「欲望」についてはどうでしょうか。人間は大脳が非常に発達しているためか、欲のスイッチが入ると、抑制するものがなければ、際限なくその欲の赴《おもむ》くままに突き進む要素を持っています。

たとえばライオンは、目の前にシマウマがいても、満腹であれば、ほとんど襲わないといわれます。でも人間は、今は満腹だけど、明日やあさってはどうなるかわからないから、今のうちに狩りをしておこうと考えがちです。現代でいえば、生活できるくらいの貯蓄が十分にあっても、先々のことを考えると不安になって、もっともっととがめつく稼ごうとするようなものです。不安が欲望を刺激し、欲望を大きくしているのです。

必要最低限の暮らしが十分にできているのに、見栄などから欲望を肥大化させるケースもあります。買い物中毒やアルコール中毒などの中毒現象を起こして、欲望に歯止めをかけることができなくなる人もいます。

人のものまで欲しくなると、どうなるか。場合によっては、盗むこともあります。そのものが欲しいからといって、持ち主を殺してしまうことも起こりえます。きれいな女性を見た男性がどうにかして自分のものにしようと思って、その女性に襲いかかることもあるかもしれません。

歯止めがなければ、欲望はどこまでも大きくなっていきます。そうすると、周りは迷惑を被り、たまったものではありません。誰もが穏やかに暮らすことはできなくなるでしょう。とすると、欲望に対しては、何らかの制約が求められるようになっていく。私たち人間を動かす生命エネルギーは重要だけど、それが爆発するほどの動きを見せると、無軌道になってしまう。すると、右に書いたような〝困った事態〟も起きてしまう。

そこで求められるようになったのが「スーパーエゴ（超自我）」です。スーパーエゴはエゴ（自我）の上にあって、上から指示命令する。社会全体でいえば、法律や道徳であり、かつての家庭では、父親といったところでしょうか。

ただし、「ナニナニすべき」あるいは「ナニナニすべからず」というような、上から指示命令する強い力であるスーパーエゴが行きすぎると、人々は禁欲的になりすぎて、いずれはヒステリーとなって、爆発してしまう。これらはオーストリアの精神分析学者であるジークムント・フロイトが指摘していることでもあります。

宗教にもスーパーエゴ的な側面はあります。モーセ（モーゼ）が神から与えられたとされる十の戒律「十戒《じっかい》」には「殺してはならない」「姦淫《かんいん》してはならない」「盗んではならない」などと記されています。これらは「ナニナニすべからず」の典型です。十戒はユダヤ教などが聖典とする『旧約聖書』に書かれていますから、まさに宗教の教えといえます。

宗教が持つ強力なアイデンティティ

「アイデンティティ」という言葉がありますね。アメリカの心理学者、E・H・エリクソンが提唱した概念で、「自己同一性」「存在証明」などと訳されます。自分を自分たらしめているものでもあるし、自分が何者であるかを知ることのできるものでもあります。不安と欲望のほかに、宗教を支えている大きな要素として、この「アイデンティティ」もあります。

自分が何者かを考える際には、自分が属している、あるいは属していた集団を考えることが大切です。たとえば、日本という国に住む日本人で、男性で、長野県の○△高校を出ていて、中学ではサッカー部に所属していたなどです。これらは、その人のアイデンティティになります。

ある会社に所属していることも、その人のアイデンティティになりそうです。首から社員証をぶら下げて、同僚と連れだって昼食を食べる光景は今や珍しくありません。しかし、会社は倒産してしまうかもしれないし、その人自身が解雇されてしまう可能性もあります。すると、会社に所属していることで得られるアイデンティティはもろくも崩れ去ってしまいます。その人のアイデンティティ全体にとっても、大きな痛手になります。

私個人のことをいえば、静岡県出身ということが一つの大きなアイデンティティになっています。静岡の方言がわかって、静岡県民の好みや価値観をある程度は共有することができます。

自分の存在を見いだしたり、証明したりできると、人は安心します。逆にいうと、アイデンティティがないと、とても不安になります。ある意味、宗教はこの不安を数千年以上も前から解決していました。

ユダヤ教徒であれば、『旧約聖書』のすみずみまで知っている。ムスリム（イスラームの教徒）であれば、『コーラン（クルアーン）』のすみずみまで知っている。これは同じ場所に所属し、同じものを信じている者として、共通の大きな財産です。

ユダヤ教徒もムスリムも、豚肉を食べません。こうした日常の取り決めや習慣の共有もアイデンティティを育みます。

「豚肉なんて、食べないよね」

「うん、当たり前だよ。食べるわけないじゃないか」

こうした意識が共有されていくわけです。

豚肉を食べる日本人は多いですが、犬の肉はほとんどの日本人が食べません。犬を食べていると聞くと、絶句してしまう人が多いでしょう。でも、世界には、犬の肉を食べる国や地域もあります。となると、犬の肉を食べないことが、今の日本人のアイデンティティの一つになっているともいえるでしょう。

会社に所属しているというアイデンティティについて書きましたが、宗教で得られるアイデンティティはその比ではありません。なにしろ〝所属先〟は神の場合が多いのです（仏教のように信仰の対象が神ではないものもありますが）。一神教であれば、唯一絶対の神で、その〝神の証明書〟を首からぶら下げて歩いているようなものです。その安心感たるや、相当なものでしょう。

モハメド・アリという元プロボクサーがいます。アフリカ系アメリカ人で、ヘビー級の世界チャンピオンでした。アリのかつての名前はカシアス・クレイで、これはかつて黒人が奴隷だった時代の名残のある名前です。

カシアス・クレイはのちにイスラームに入信し、カシアス・クレイの名前を捨て、モハメド・アリの名を得ます。これによって、彼はムスリムとしてのアイデンティティを獲得した形になりました。

ムスリムの一員としてのアリは、おそらくそれまでの彼とは大いに変わったはずです。奴隷の子孫としてのカシアス・クレイをきっぱり否定し、ムスリム、モハメド・アリとして決然と生きていくことにしたのでしょう。

アイデンティティ（存在証明）の特質は、自分の中の内的一貫性と、他者と本質的な部分を共有している感覚です。強力な宗教は、存在証明の確かな感覚を与えてくれるのです。

法律の役割も担った宗教

宗教というと、ここ最近は争いのもとのように思う人もいるでしょうが、共同体のルールとして機能していた、あるいは今も機能している側面も当然あります。

近代国家では法律が整備されていて、その法律にのっとって、社会は営まれています。しかし、近代法が発達する前には、世界的に宗教が世の中の秩序を保っている部分が多分にありました。「法律の代わりとしての宗教」があったわけです。

ただし、根本の発想は違っています。近代的な発想では、国なり地域なりのルールに反する行為をしたから罰を与えると考えますが、宗教の場合、神の命令に背いたために罰する、といった考え方をします。

神、少なくとも一神教における神は絶対的な存在です。神聖であり、比類なき権威を持っています。

誰もがひれ伏す存在である神を設定し、神のもとに共同体のルールをつくり、それを皆が守る。そのルールを破れば、神に背いた者として処罰される。そういう社会がかつては世界の各地で営まれていました。

その典型はイスラーム世界です。イスラーム法が確立していて、生活のすみずみまで規定しています。聖と俗が分かたれず、聖典と法律に書かれていることに連続性と一貫性があります。イスラーム世界では、こうした社会のあり方は過去のものとはなっておらず、今も連綿と継続されています。宗教が秩序を保つ非常に有効な装置として機能し続けているのです。

それぞれの人のエゴを押さえつけるスーパーエゴが強いと、個人は生きにくいんじゃないか、と思う人もいるでしょう。

しかし、宗教の場合、個人のエゴ、あるいは欲望よりも、神の教えに忠実であることに喜びを見いだすことも十分にあります。数式として表わすなら、「神の教え＞自分の欲望」となるでしょう。この場合、人々は神の教えに嬉々として従います。神の命令どおりに生きることが無上の喜びなのです。

たとえばイスラームでは、豚肉を食べることやお酒を飲むことを禁じています。ムスリムでなければ、これらの決まりに、なんか不自由だな、と感じる人が多いでしょう。「大好きな豚骨ラーメンを食べられないのはきついな」とか「酒を飲めないなんて、生きていけないよ」とか、そんなふうに思う人もいそうです。

しかしムスリムは、絶対の存在である神の命令を喜んで守っています。神の意志にかなう行動を取ることが心地よいのです。

不安と欲望。人間が持つこの二つの心理が宗教を生み出していると書きました。もちろん、これらだけではありませんが、不安と欲望が宗教と密接に結びついていることは確かです。

この二つの事柄は人間の内面の問題ですが、宗教は同時に人間の集団にも大きく関わっています。法律の役割も担っていた（あるいは、今も担っている）というのはまさにそれで、共同体をまとめ、社会の秩序を保つのに、宗教は大きな役割を果たしてきたのです。

アニミズムがもたらした豊かさ

一方で、人間の非力さが宗教を生んだという側面もあると思います。古代世界においては、人間は自然に翻弄されることが多々ありました。嵐が来れば、狩猟採集はままならず、住居も荒らされます。農耕牧畜を始めて以降も、自然の前には無力であることをまざまざと知らされる場面はたくさんあったでしょう。

自然は多くの恵みをもたらしてくれる。その一方では、猛烈な脅威にもなる。この状況は現代社会でも同様ですが、古代においては、今の比ではないほどに強烈だったはずです。するとと、人は自然に対して畏《おそ》れを抱くようになります。自然を畏怖する気持ちが芽生えます。自分たちではコントロールできない、人知を超えた存在である自然。ここからアニミズムが起こり、発展していきました。

自然界のあらゆるものに神が宿っているとするアニミズムは、世界各地に見られました。山にも海にも、木にも花にも、熊にも鮭にも、神様が宿っている。恵みの雨が降れば、天に感謝し、山が噴火すれば、山の神の怒りに触れたと考えます。

たとえば、アイヌの言葉で「カムイ」は「神」を表わします。「アペフチカムイ」は「火の神様」、「キムンカムイ」は「山の神様」といった意味です。

カムイに囲まれている暮らし。想像するに、これはとても豊かなように思えます。神々に囲まれ、神々の恩恵を受けて暮らしていると思うと、あらゆるものに対し、感性が磨かれ、感謝の念が芽生え、謙虚にもなるでしょう。それは人と社会の豊かさにもつながります。

逆に周りのものすべてが単に人間が利用するためだけに存在していると考えると、その思考は非常に実利的で、人の内面にも共同体全体にも深みが感じられません。食べられるもの／食べられないもの、使えるもの／使えないもの、役立つもの／役立たないもの……といった実利のみの発想では、あまりに味気ないし、殺伐とさえしているかもしれません。

つまり、原始宗教ともいえるアニミズムは、個人にも社会全体にも豊かさをもたらしていたと考えることができるのです。

アニミズム的な発想は現代社会にも生きています。たとえば「むやみに自然を破壊するな」

「食べ物に感謝しなさい」「お天道様が見ている」といった考え方や価値観は、アニミズムにつながるものなのです。

なぜギリシャ神話は「ギリシャ教」と呼ばれないのか？

ギリシャ神話にも神々がたくさん出てきます。ギリシャの神々の頂点に立つのはゼウスですが、そのほかにも、実にたくさんの神がいます。アポロン、アフロディテ、ポセイドン、ヘルメス、ディオニュソス……。ギリシャ神話も日本同様、一種の八百万《やおよろず》の神々の世界です。

古代のギリシャにおいては、これらの神々を祀《まつ》る儀式がありました。ですから、それは宗教と呼ぶに値するものだったのです。

しかし現代において、ギリシャ神話は宗教とは見なされていません。なぜかというと、ギリシャの神々を信仰し、礼拝するというような宗教的な儀式が、現在はほとんど行なわれていないからです。そのため「ギリシャ教」ではなく「ギリシャ神話」と呼ばれているのです。

中世のヨーロッパでは、大ざっぱにいえば、ギリシャ神話は忘れられた存在でした。中世期、ヨーロッパで隆盛を誇っていたキリスト教と、ギリシャ神話はうまく融合できなかったからです。

また、各地に伝わるアニミズム的、あるいは多神教的な教えは、その後に登場した強力な宗教に吸収されることが多々あります。

たとえば『旧約聖書』には「ノアの箱舟」の話があります。人々が信仰心を失って、堕落した生活を送っていると知った神は怒り、大洪水を起こして、人類を滅ぼそうと考えます。しかし、ノアだけは慎み深く神を信心していたために、神は彼を助けることにしました。箱舟をつくるように神に命じられたノアは、そのとおり箱舟をつくりますが、ほかの人たちはノアをあざけります。やがて大洪水が起こり、助かったのはノアとその家族、ノアたちに引き連れられた動物たちだけでした。彼らは皆、箱舟に乗って、助かったのです。

これが『旧約聖書』の「ノアの箱舟」の大筋ですが、この話は『ギルガメッシュ叙事詩』にとてもよく似ています。『ギルガメッシュ叙事詩』はティグリス川とユーフラテス川流域に発展したメソポタミア文明のもとでつくられた神話です。『旧約聖書』は『ギルガメッシュ叙事詩』よりも新しい時代につくられました。ということは、「ノアの箱舟」は『ギルガメッシュ叙事詩』の影響を大きく受けているということです。

これは一例で、強力な宗教がそれまでの土着的な信仰を取り込みつつ、発展していった例は少なくありません。ただ、ギリシャ神話に関しては、その後の宗教にほとんど取り込まれず、文字・芸術など文化的なものへと変容していきました。

神と民をつないだシャーマン、天皇

古代においては、シャーマンも重要な役割を担いました。神や聖霊、死者の霊などと交信することができ、人知を超えた自然の力を予見したり、人々の病を癒したりすることのできるシャーマン。日照りが続き、人々の暮らしが立ち行かなくなっていたときに雨乞いをしたら、雨が降り出したということもあったでしょう。

現実に横たわる不安や恐怖、そして欲望。これらを現実的に抑えてくれるものが存在すると、人々は安堵するし、それに寄り添うようにもなるでしょう。

「神の声を聞いた。それによると……」

「聖霊はおっしゃっている。そのとおりにするがよいと」

「おまえの夫は『幸せだった』と申しておる。『子供たちをよろしく頼む』と申しておる」

自分たちは非力である。しかし、神とつながっている。神の加護と恩恵を受けることができる。そこに介在しているのがシャーマンです。

実は天皇の起源も、シャーマン的なものではなかったかという見解があります。天皇が神と交信し、神の恩恵をもたらす。五穀豊穣を願い、それをもたらしてくれる。そういう神聖な行為を担っていたのが天皇だったという見方です。

政治はかつて「まつりごと」といわれました。まつりごとには、今でいう政治と神事が含まれます。神事に対し、政治は人の営みといえます。このことに関し、イエスは明快な発言をしています。いわく「カエサルのものはカエサルに、神のものは神に」と。

カエサルは「この世のこと」を意味しています。政治や経済、物質的なことなどです。この世の務めも、神への務めも、どちらも大事である。そして、それぞれのものはそれぞれのもとにあるべきだと、イエスは言ったのです。

日本でも、天皇が政治に関与しない時代が長く続きました。鎌倉幕府を滅ぼし、建武の新政を行なった後醍醐天皇などの例はありますが、基本的には、天皇は神事を担っていました。しかし、江戸時代が終わり、明治時代が始まると、天皇は神であると同時に、政治の世界でもトップの地位に就きました。明治天皇、大正天皇、昭和天皇は、陸海軍の最高指揮官である大元帥《だいげんすい》にも就いています。とはいえ、これも日本の歴史上、例外的な事例です。

無宗教の社会主義、共産主義が引き起こした〝熱狂〟

宗教には、人の内面を大きく変えうる力があります。それは人格改造さえもできてしまうほど、大きな力です。

オウム真理教による事件があったころは「マインドコントロール」という言葉が盛んに使

われ、宗教関連、あるいは宗教まがいの団体による事件が私たちを不安にさせました。世界を見渡せば、近年、イスラーム過激派などによるテロ行為も頻発しています。こうした事件を見聞きすると、「宗教は怖いもの」と思い、宗教に警戒心を抱く人が多くなりそうです。片や宗教を否定して、無神論を唱えた人たちもいます。社会主義や共産主義を信奉し、そのイデオロギーを試みようとした人たちです。

カール・マルクスは「宗教は民衆のアヘンである」と言いました。宗教には確かに、人の目を曇らせ、曇らせたまま蔓延していく側面もあるでしょう。

しかし、神の存在を認めず、宗教を否定し続けて、国や組織を動かしたソビエト連邦（ソ連）や中国、カンボジアのポル・ポト政権などは自国民をどれだけ死なせたでしょうか。非常に多くの人々を殺したり、死に追いやったりしています。

無神論を唱えた社会主義や共産主義が大虐殺を行なったという、残忍かつ悲惨な事実。宗教があるために起きた殺人や戦争も確かにたくさんありますが、スターリンやポル・ポト、毛沢東たちが行なった大量殺戮を考えると、社会主義や共産主義の「無宗教が人類を救う」とする思想は、少なくとも現実としては機能しなかったことがわかります。それどころか、むしろ宗教の有効性を知らしめたともいえます。

一方で、社会主義や共産主義は「無神論の宗教」と見ることもできます。社会主義や共産主義は神を否定し、特別な人間の存在も否定し、すべての人が平等である社会をめざしたはずですが、結果として、特定の個人を崇拝する仕組みをつくってしまいました。ソ連のスターリン、中国の毛沢東、北朝鮮の金日成などは、まさに崇拝の対象でした。

そのありようは、実はヴェーバーが『社会主義』という本でほぼ予測したとおりです。社会主義は悪《あ》しき官僚主義に陥り、腐敗が起こり、独裁的な支配になるだろうと、ロシア革命が起きたときにすでに記していたのです。

ただ、二十世紀における世界への社会主義の広がりようは、宗教の普及にも似た勢いがありました。皮肉にも社会主義は宗教的な〝熱〟を帯びていたように思います。

とにかく、宗教がなければ争いが起こらず、人々は豊かに穏やかに和やかに過ごせるといったものではないといえるでしょう。宗教がないために、過激な独裁者が生まれ、自国民すらも大量に殺戮するというおぞましい現実を振り返ると、そう実感せずにはいられません。

宗教＋物語＝近代国家!?

人は物語を好みます。無味乾燥な箇条書きのような話より、起伏に富んだドラマが好きです。宗教には、そうした物語がたくさん含まれています。後述するように、イスラームの『コーラン』のように物語性を持たない聖典もありますが、多くの場合、宗教と物語は深く結びついています。

たとえば、一九四八年にイスラエルが建国される際には、離散（ディアスポラ）していたユダヤ人が自分たちの国をついに建てるという『旧約聖書』の物語が活用されました（ちなみに、ユダヤ教では『旧約聖書』ではなく、単に『聖書』と呼びます。ユダヤ教に『新約聖書』は存在しないためです）。

『旧約聖書』に書かれているのは古代の話です。ユダヤの人たちは、約束の地カナン（パレスチナ）にイスラエルの民《たみ》の国をつくるという物語を二千年以上ののちに引っ張り出してきて、イスラエルを建国する際に利用したのです。

日本も宗教を活用した歴史があります。明治時代に近代国家をつくる際、神道を持ち出して、「わが国は神国日本である」と語るようになります。その際には『古事記』や『日本書紀』が活用されました。

江戸時代は徳川幕府があったとはいえ、各藩が治める地方分権国家ともいえる体制をとっていました。それを中央集権国家に生まれ変わらせるためには、強力なシンボルが必要になります。そのシンボルには、古代から祭祀を司っていて、神と交信できるとされてきた天皇が最適任です。

天皇のもとに、われら民が集う。われらは神の民。われらの国は神の国。そういう物語を明治政府は考えたのです。

そして、一八八九年（明治二十二年）に公布された明治憲法（大日本帝国憲法）には「天皇ハ神聖ニシテ侵スヘカラス」という文言が盛り込まれます。現代風に訳せば、「天皇は神聖であって、侵してはならない」ということです。神格性を帯びた天皇は現人神《あらひとがみ》として、日本の中心になりました。

明治国家が始まるときには、神道がいわば燃料の役目を担っていたといえます。この構図はイスラエル建国の際のユダヤ教、あるいはユダヤ教の聖典である『旧約聖書』と同じです。ユダヤ教徒はヤーヴェ（ヤーウェ、ヤハウェ）のもとにまとまり、明治から戦前の日本人は天皇のもとにまとまりました。

明治の日本は殖産興業や富国強兵を掲げ、猛進していきますが、その際には「天皇のもとに結集するわれら日本人」という構図が大きなパワーになったのです。

ところで、明治時代の前の江戸時代には征夷大将軍が存在していましたね。二百五十年以上の長きにわたって、将軍が権力者として日本に君臨していました。

とはいえ、将軍に宗教的な威光はありませんでした。神と交信できる能力も資格も、将軍にはないと見なされてきました。宗教性の有無は天皇と将軍との大きな違いの一つです。

また、明治時代の初期には廃仏毀釈《はいぶつきしゃく》が行なわれ、各地の仏堂や仏像などが壊されました。一千三百年ほど前から信仰されていた仏教を弾圧したのです。宗教は神道（国家神道）一本で行く、という明治政府の決意が読み取れます。

人間は何か新しいことを起こすとき、古い物語を持ってくることがあります。イスラエルを建国する際には『旧約聖書』(『聖書』)を持ち出し、明治政府が近代国家をつくる際には『古事記』や『日本書紀』を持ち出しました。それぞれユダヤ教と神道という宗教が利用されています。そして、ユダヤ教にも神道にも、多くの物語があります。山あり谷ありの興趣そそられる説話があります。

古い権威と宗教と物語。これらが近代国家を建設する際に立ち現われ、利用される。あるいは、必要とされる。イスラエルの建国や明治日本の始まりを見ると、そのことに気づかされます。

さて、宗教を巡る問題は、数千年前から二十一世紀の今に至るまで、世界で続いています。この果てしないほどに大きな問題を〝宗教音痴〟ともいわれる私たち日本人は何をどう学び、知るとよいのか。次の第2章から、世界の宗教の歴史と今が問いかける問題をより深く探っていきます。

第2章

キリスト教は
なぜ世界宗教に
なれたのか

ユダヤ教、キリスト教、イスラームの神の正体とは?

「世界三大宗教」という言葉があります。一般的には、キリスト教、イスラーム、仏教の三つの宗教を指します。

キリスト教とイスラームは、世界的に信者の非常に多い宗教です。キリスト教の信者はおよそ二十二億人、イスラームの信者はおよそ十六億人と推定され、それぞれ世界一位と二位の信者数を誇ります。世界の人口は現在、七十数億人といわれますから、そのうちの半分強がキリスト教とイスラームの信者ということになります。

仏教の信者数はこれら二宗教よりはかなり少なく、実はヒンドゥー教よりもさらに少ないのです。仏教徒は三億～四億人ほど、ヒンドゥー教徒は九億人ほどといわれます。ただ仏教は、ヒンドゥー教よりも世界的に広く信者がいるなどの理由で、一般的には世界三大宗教の一つに加えられています。

世界三大宗教とヒンドゥー教のほかに、もう一つ忘れてはならない宗教があります。それはユダヤ教です。

ユダヤ教の信者は世界的に見ると、非常に少なく、一千数百万人というデータもあります。信者数だけ見ると、キリスト教やイスラームは言うに及ばず、ヒンドゥー教と仏教の足もと

主な宗教の信者数と世界人口に占める割合（2010年→2050年）

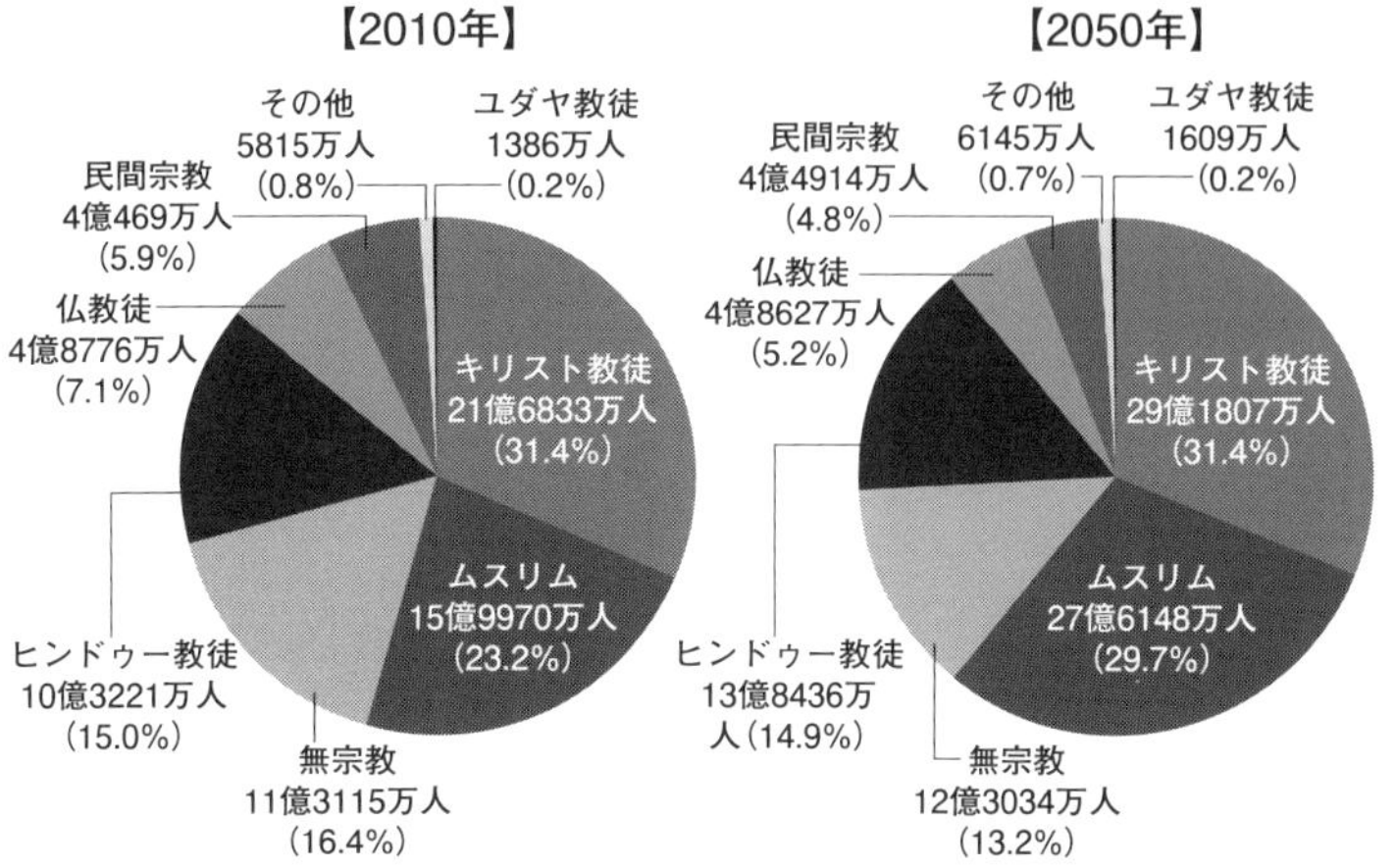

出所：ピューリサーチセンター（The Future of World Religions: Population Growth Projection, 2010-2050）

にも及びませんが、世界の政治や経済に及ぼす影響力は非常に強いのです。

これら五つの宗教で、あえて〝仲間〟を見つけるとすると、キリスト教、イスラーム、ユダヤ教の三つの宗教は一つにくくることができます。それは「セム的一神教」というくくりで、いずれもセム語族によって生まれた宗教です。

セム語族はセム系の言語を使用する民族の総称で、古代バビロニア語、アッシリア語、アラビア語、ヘブライ語、フェニキア語、アラム語などがセム語に属します。セム語族は西アジア、アラビア、地中海東岸、北アフリカなどに居住していました。そのセム語族がつくった宗教、それがセム的一神教です。

セム的一神教は「一神教」と名前にある

とおり、一つの神を信じています。その神とは何かといえば、ヤーヴェであり、ゴッドであり、アッラーです。

これら三つはまるで違う言葉ですが、実は三つとも同じ意味で、どれも「神」と訳すことができます。ヤーヴェはヘブライ語、ゴッドは英語、アッラーはアラビア語で、意味はすべて「神」で、同じ神を指しています。つまり、ユダヤ教徒もキリスト教徒もムスリムも、同一の神を信じているということです。

ヤーヴェ、あるいはゴッド、アッラーは強力な神で、日本人の感覚からすると、乱暴で怖い部分も少なくありません。たとえば『旧約聖書』には「お前の子供を生贄《いけにえ》として差し出せ」とヤーヴェが信者に命じたり、ヤーヴェが悪魔と賭けをして、信者の子供や牧童、家畜を殺し、財産を奪ったりする箇所が出てきます。日本人の多くが抱く神様像とはかけ離れた「神様」ではないでしょうか。

『旧約聖書』はユダヤ教、キリスト教、そしてイスラーム、それぞれの聖典です。この『旧約聖書』という名称はキリスト教から見た言い方で、ユダヤ教では単に『聖書』といいます。キリスト教には『新約聖書』がありますが、ユダヤ教に新約の聖書は存在しないためです。ユダヤ教の聖典は『聖書』（キリスト教で言うところの『旧約聖書』）のみです。

イスラームの第一の聖典は『コーラン』で、第二の聖典ともいえるものは『ハディース』です。さらに『旧約聖書』も聖典の一つとして認めています。『旧約聖書』がイスラームの聖典と聞いて驚く人もいるかもしれません。しかし、同じ神を信仰し、また、ともに偶像崇拝を禁止するなど、先に成立したユダヤ教はイスラームに大きな影響を与えており、そのため『旧約聖書』はイスラームの聖典ともなっているのです。

私たち日本人からすると、先述の生贄のエピソードのようにヤーヴェは恐ろしい部分も持っていると思える上に、信者を（この場合はユダヤ教徒を）必ずしも助けてくれません。

歴史上、ユダヤ教徒は各地で何度も迫害の憂き目に遭っています。たとえば、中世期の十字軍の遠征時には、ユダヤ教徒は西ヨーロッパのキリスト教徒たちに襲われ、略奪や殺戮の被害を受けています。

もちろん、ナチス・ドイツによるホロコーストも挙げられます。数百万人ともいわれるユダヤ教徒がナチスに迫害され、虐殺されました。

これらのとき、果たしてヤーヴェは助けに来てくれたのだろうかと考えると、どうもそうは思えません。少なくとも、日本人の目にはヤーヴェがユダヤ教徒を助けてくれたようには映らないのではないでしょうか。

しかしそれでも、ヤーヴェへの信仰は今も続いています。このあたりの感覚は私たちにはわかりにくいですが、信仰する人たちにとってヤーヴェという神は、それほどまでに尊く、力強く、圧倒的な存在なのでしょう。

なお、「ユダヤ教徒」「ユダヤ人」「ユダヤ民族」は同じなのか違うのかという議論があります。ユダヤ人とはユダヤ教徒のことである、とする考え方もあるし、ユダヤ人であってもユダヤ教を信奉しない人もいるから、ユダヤ＝ユダヤ教徒ではないとする見解もあります。ユダヤ教徒、ユダヤ人、ユダヤ民族の定義はいろいろあるようですが、本書では原則として、あまり区別せずに使用していきます。

私たちが神を選んだのではない。神が私たちを選んだ

さて、第1章でアイデンティティについて書きました。宗教を支えている要素として、アイデンティティも重要であると。

同じ宗教を信じているということは、その人のアイデンティティ、すなわち存在証明になります。しかも、圧倒的な存在証明です。

ユダヤ教では、毎週金曜日の日没から翌土曜日の日没までが安息日で、労働をしてはいけないことになっています。この間は仕事はせずに、ひたすら神を称えなさい、ということです。

ユダヤ教の安息日に禁止されていることは、そうした労働だけではありません。旅行をすることも、自動車を運転することも、料理をつくることも、ガスを使うことも、火をおこすことも、禁じられています。電化製品を使うことも禁止されていますから、テレビも見られ

ないし、パソコンも使えません。ユダヤ教を信奉している人たちは、これらの決まりをしっかり守っているのでしょう。

となると、どうでしょうか。ユダヤ教徒は同じ厳しい行動習慣を持つ者同士として、互いの存在を認め合い、連帯意識が生まれてきます。さらには、自分は何のために生まれたのか、生きているのか、といったことに悩んだり、人生の意味について考えさせられたりする必要もなくなるのではないでしょうか。

宗教には、このようにアイデンティティを形成する要素があり、多神教より一神教のほうがより強力に、その人のアイデンティティに影響を与えます。

なぜなら、一神教の神は唯一絶対だからです。全能を有する強力な神です。多神教のような「神々」では、神の能力も分散してしまいそうですが、すべての能力を持つ唯一の存在では、少なくとも信じる者は、すべてにおいて従わざるをえません。そのかわり、絶対的唯一神を信じる集団の一員であれば、安心感が得られ、アイデンティティが揺らぐこともありません。

そもそも人間は、どこかに所属していたい、何かのメンバーでいたいという欲求を持っています。一般的に人は一人では生きていけないので、そうした所属願望は当然のことでもあるでしょう。しかも、所属する団体や組織が強力であれば、安心感はひとしおではないでしょうか。その点、一神教のリーダー、すなわち神はこの世をつくったことになっているわけですから、これ以上、力強い存在はありません。

この世をつくったことについては、『旧約聖書』の「創世記」に書かれています。「初めに、神は天地を創造された。地は混沌であって、闇が深淵の面《おもて》にあり、神の霊が水の面を動いていた」といった記述があります。そして光も、大空も、植物も、天体も、魚や鳥も、動物も人間も、神がつくったと記されています。まさに神が宇宙を創《つく》ったということです。

その神、ヤーヴェにユダヤ民族は選ばれたのです。ユダヤ民族がヤーヴェを選んだのではなく、ヤーヴェがユダヤ民族を選んだ。ユダヤ民族からすれば、選んでくれたということです。この意識がユダヤ人の「選民意識」につながっていきます。

神に選んでもらった特別な存在である、我らユダヤ民族。迫害されることはあっても、最終的には救われ、ユダヤの民は繁栄する。そう信じているからこそ、どんなに迫害されても、ユダヤ民族は挫けません。十字軍に虐殺されても、ナチス・ドイツに虐殺されても屈しない。奴隷にされても、殺されても、ユダヤ教を捨てることはなかったのです。

奴隷にされたり、殺されたりされるくらいなら、自分のたちの宗教を捨ててもいいじゃないか。生き延びるためなら仕方ないじゃないか。日本人なら、そのように考えるかもしれません。しかし、ユダヤ人はそうは考えません。神に選ばれた民族という思いと誇りは、それほどまでに強いのです。

ユダヤ教はなぜ世界宗教になれなかったのか

この世をつくった、天も地もつくった。こんなことのできる存在は確かにすごいのですが、これは何もヤーヴェだけのエピソードに限りません。

たとえば、ギリシャ神話では、カオス（混沌）が充満する中、ガイア（大地）とタルタロス（奈落《ならく》）が誕生します。やがてガイアは、星をちりばめたウラノス（天空）を産みます。ガイアは天空をつくっているのです。

日本の『古事記』には、イザナキとイザナミという男女の神が大八島国《おおやしまぐに》という日本の国土を生みなしたと記されています。

ほかにも、天地や国をつくった神話は各地にあります。しかし、ギリシャ神話や日本の神々を含め、それらの話は世界中で信仰されているわけではありません。ヤーヴェのみが信仰の対象として世界に広がっていったのです。それはいったいなぜなのか、という疑問が起こります。

ヤーヴェは本来、ユダヤ民族固有の神です。しかし、ユダヤ教は世界に広がっていません。民族宗教といわれるにとどまり、世界宗教とはいわれていません。

世界に広がっていったのはキリスト教とイスラームです。そこで、どうしてユダヤ教は広まらずに、キリスト教は広まっていったのかを考えてみます。

まず、ユダヤ教があまり広がらなかった理由は何なのか。信者もどうしてそれほど多くないのか。これはやはり、ユダヤ教が選民思想を持っていることが大きいと思います。自分たちは選ばれた民族であるという意識を強く持っているため、そして、ユダヤ教徒になるには厳しい条件があるために、ほかの民族の人たちはユダヤ教徒になりにくかったのでしょう。

そうして考えると、ユダヤ教は排他的な側面を持っている宗教といえそうです。ただ、そもそも一神教自体が排他的といえます。ほかの神を認めないのですから。ユダヤ民族はそのことに加え、選民意識を持っているために、世界宗教にはなっていないのでしょう。

ではなぜ、キリスト教は民族宗教にとどまることなく、世界宗教になることができたのでしょうか。以下で少し視点を変えて見てみましょう。

プラットフォームとしての『旧約聖書』

先ほど、ギリシャ神話や『古事記』に出てくる神々は世界に広まっていないと書きました。しかし、ヤーヴェは世界の多くの人々に信仰されています。

何かしらのものが普及するときは、ある段階を超えると、自己拡大するように勢力を一気に広めていくことがあります。最近の例でいえば、スマートフォン（スマホ）があります。

スマホが出て、ある段階の普及率を超えると、従来式の携帯電話を駆逐するように、スマホが席巻《せっけん》していきました。

少し古い話を書けば、かつてはビデオテープでＶＨＳとベータの争いがありました。日本ビクターなどが生産していたＶＨＳと、ソニーなどが生産していたベータが規格を競ったのです。ベータはＶＨＳより小型で、機能も決して悪くなかったのに、大きめだったＶＨＳがこの競争に勝利しました。結局、ベータの生産・販売は先細りとなり、ＶＨＳのビデオテープが多くの家庭で使われるようになりました。

これらの事例でわかるのはプラットフォーム、つまり基本的な環境や設定、基盤をつくることの重要性です。アップルやグーグルなどのＩＴ企業はプラットフォームをつくることに成功したこともあって、世界的な大企業に成長しました。これらのＩＴ企業が製品や物事の規格の多くを定めたのです。

話を宗教に戻します。

ヤーヴェに見られる特徴は先に書いたように、ギリシャ神話や日本の神々にも通じるものです。もちろん、すべてではありませんが、共通する部分が少なからずあります。ということは、ヤーヴェの話を中心とする『旧約聖書』の物語に絶対的なオリジナリティがあったわけではないということです。メソポタミアの神話の影響も見られます。

ギリシャ神話にも『古事記』にもそれぞれオリジナリティはあるし、それぞれ似たところもある。しかし、ヤーヴェを信仰し、『旧約聖書』も聖典とする宗教、つまりキリスト教は、世界中に普及しました。それは今、スマホや、あるいはかつて、ＶＨＳが全国に広がっていったのと似ています。

つまり、ヤーヴェを信仰する宗教はあるときにユダヤ教とは別のシステムを確立し、それがプラットフォーム＝基盤となって、世界宗教へと大発展していった。そのようにとらえることもできるのです。

イエスがユダヤ教を解放した

先述のように、ユダヤ教の根本には選民思想があります。選民思想とは、選ばれた民族は救われるという考え方です。つまり、民族救済の宗教です。個人救済ではありません。

このように、ユダヤ教は本来、ユダヤ民族を救うための宗教だから、ほかの民族にはほとんど広がりません。これを広く布教するには、ユダヤ教にある制限やこだわりを取り払わないといけないわけです。そこで、それを行なったのがイエスなのです。

イエスは紀元前四年ごろにパレスチナで生まれました。同時代のこの周辺の大国はローマです。

ローマは当時、カエサルの独裁や第二回三頭政治を経て、オクタヴィアヌス（アウグストゥス）が事実上の帝政を開始し、ローマ帝国になっていました。パレスチナはそのローマ帝国の属州で、貧しく苦しんでいる人が大勢いました。パックス・ロマーナ（ローマの平和）という言葉がありますが、征服された人々にとってはつらいことが多かったでしょう。

当時のパレスチナの多くの人がそうであったように、イエスもユダヤ教徒でした。

ユダヤ教徒であったイエスが何をしたかといえば、その大きな業績はユダヤ教を広く解放したことです。ユダヤ民族を選民とはとらえず、罪人であってさえも救われると説きました。どこかの民族だけを救済するというわけではなく、誰であろうと、個人を救済するという教えです。

『新約聖書』の「ルカによる福音書」には、「善《よ》いサマリア人のたとえ」という話が載っています。

あるとき、旅人が追いはぎに襲われて、道に倒れていました。そこを通りかかったユダヤ教の祭司は、その人を助けることなく通りすぎます。次に通りかかったレビ人（祭司よりは下位の階級で、宗教的な任務に携わる者）も、やはり彼を助けることなく、通りすぎていきます。三番目にサマリア人が通りかかります。サマリア人は旅人を哀れに思い、傷の手当てをして、宿屋に連れていって介抱しました。サマリア人はさらに宿屋にお金を払い、「足りなかったら、自分が払う」とまで言います。

イエスが生きていた当時、ユダヤ人はサマリア人を蔑《さげす》み、差別していました。しかしイエスは、このような場合、地位の高いユダヤ教の祭司やレビ人よりもサマリア人のほうがよき隣人ではないかと問いかけます。ユダヤ人を特別扱いしていないのです。

また、当時のユダヤ教では、徴税人や売春婦、病人などは差別され、神に救われることはないとされていました。

ユダヤ教の戒律を重んじる立場からすると、たとえば安息日に労働することはタブーです。しかし、売春婦や病人を持つ家族などはその戒律を守るのは難しい。働かなくてはますます貧しくなり、暮らしていけなくなるからです。

『新約聖書』の「マタイによる福音書」には、次のようなことも書かれています。

イエスはマタイという弟子の家で、徴税人や罪人と見なされた人たちと食事をしていました。そこで、ユダヤ教の律法学者やファリサイ派（「パリサイ派」とも）の人たちがイエスの弟子に聞きます。「なぜイエスは徴税人や罪人と一緒に食事をしているのか」と。これを聞いたイエスは答えます。「医者を必要とするのは、丈夫な人ではなく病人である。私が来たのは、正しい人を招くためではなく、罪人を招くためである」と。

ちなみに、ファリサイ派は「分離する者」の意味で、律法を厳格に守ることを主張したユダヤ教の一派で、律法を守らない者を糾弾したり差別したりしました。見方によっては形式主義に陥るととらえることもでき、イエスはファリサイ派をしばしば非難しています。

また『新約聖書』の「ヨハネによる福音書」には、次のような箇所があります。

イエスが民衆に神の教えを語っていると、ファリサイ派の人たちが一人の女性を連れてきて言います。「この女が姦通しているところを捕まえました。モーセの律法では、こういう女は石で打ち殺すことになっています。あなたはどうしますか」と。それに対し、イエスは答えます。「あなたたちの中で罪を犯したことのない人が石を投げなさい」と。結局、この女性に石を投げた人はいませんでした。罪を犯したことのない人など、いるはずがないからです。

イエスはこうした言葉を述べ、実際に行動もして、ユダヤ教に横たわるさまざまな選民思想やその意識を批判し、人々を解放していったのです。そしてそれは、ユダヤ教を万人に解放することにもなりました。

神の教えは分け隔てなく、誰に対しても開かれていると、イエスは説きました。誰であっても、神を信仰するだけで救われると。ユダヤ人だけでなく、サマリア人も徴税人も売春婦も病人も、等しく救われると。こうして、イエスによって開かれたことがヤーヴェを神とする宗教が世界宗教になる大きな契機になったのです。

イエスはキリスト教の開祖ではなかった！

ここで、一つ注意しておきたいことがあります。それはキリスト教という宗教を始めたのはイエスではないということです。

イエスはユダヤ人で、ユダヤ教徒として生きた身ですから、新しい宗教を創設した意識はなかったはずです。イエスはむしろ〝ユダヤ教の改革者〟と位置づけられるでしょう。

ユダヤ教のあり方を批判し続けるイエスは、ユダヤ教の指導者層に命を狙われるようになります。彼らはイエスを捕らえて、処刑することを考えました。それにもめげず、布教し続けるイエス。しかし、自らの弟子の一人、ユダの裏切りに遭い、イエスは捕まってしまいます。その後、イエスはユダヤ教の指導者たちによってローマ帝国の総督、ピラトに引き渡され、最後には十字架に磔《はりつけ》にされ、処刑されてしまいました。三十代前半だったといわれます。

戒律にがんじがらめになっているユダヤ教。そのユダヤ教を改めようと、いわば宗教改革を試みたイエスは志の途中で殺されてしまったようなものです。

とはいえ、イエスは〝復活〟します。生き返って、復活したと信じる人たちが現われるのです。

イエスの復活を信じる者たち、そして、イエスの遺志を継ぐ者たち。それはペトロ（ペテロ）、ヨハネ、マタイ、ユダなどの十二使徒やパウロたちです。キリスト教という宗教が形作られる過程では、彼ら、イエスの弟子が大きな役割を果たしました。弟子たちの活動によって、イエスの教えはユダヤ民族以外にも普及していったのです。

布教において特に大きな役割を果たしたのはパウロです。イエスの教えをもとにパウロがキリスト教をつくったといわれるほど、キリスト教の形成に関しても、パウロは多大な貢献をしました。

パウロはもともとファリサイ派のユダヤ教徒で、イエスと彼の教えに従う人たちを迫害する側にいました。それが、あるとき目から鱗のようなものが落ちて回心《かいしん》し、イエスの教えを信じるようになります。ちなみに「目から鱗が落ちる」という諺《ことわざ》は『新約聖書』に出てくるこの「サウロの回心」というエピソードに由来します。サウロはパウロの別名です。

パウロは小アジアやヨーロッパの各地を旅行し、宣教活動をしています。苦難に満ちた宣教旅行でした。最後には、エルサレムでローマ帝国によって逮捕され、ローマに護送されます。その後、二年ほどローマで布教活動をして、六五年ごろに亡くなったといわれています。今から二千年近く前、ローマの皇帝はネロでした。

こうして見ると、キリスト教はイエスの弟子たちによってつくられたという見方ができそうです。少なくともイエスがキリスト教を創設したわけではなく、パウロなど、イエスの死後に彼の遺志を継いだ人たちによってキリスト教が形作られていったということです。「キリスト」はギリシャ語で「救世主」の意味です。

とはいえ、キリスト教の根幹を考え出したのはイエスです。神の存在を信じ、「神を信じます」と言うだけで、誰であっても神との関係ができて救われる。ごく簡単にいえば、そうした「個人救済」への改革をイエスは行ないました。これは画期的なことでした。ユダヤ教を、ヤーヴェを、イエスは人々に解放したのです。

迫害から国教化へ

イエスがユダヤ人の選民思想を否定し、ユダヤ教をユダヤ人から解放したことがイエスの教えを世界宗教にした要因の一つです。そのイエスの教えは弟子たちに受け継がれ、キリスト教という新たな宗教を形成していきました。

もう一つ、キリスト教が世界宗教になりえた大きな理由があります。それは教会の力です。イエスの死後、パウロらイエスの弟子たちの尽力で広まっていったキリスト教は、ユダヤ教などに比べると「新しい宗教」です。いわば当時の新興宗教ですから、いかがわしいものと見られることが多かったでしょう。当然、そう簡単に広まるわけはありません。

特にローマ帝国内での布教活動は厳しいものでした。信者たちは「カタコンベ」と呼ばれる地下の共同墓所に集まって、密かに集会を開いたりしました。

一方、ローマ皇帝による弾圧は凄惨を極めます。たとえば、皇帝ネロは六四年にローマで大火事が起きた際には、多くのキリスト教徒を迫害しました。パウロと同様に、ペトロもネロの時代に殉教したと伝えられています。

また、皇帝ディオクレティアヌスは四世紀初め、非常に多くのキリスト教徒を処刑しています。自身を「主にして神」とするディオクレティアヌスは、自分ではない「唯一の神」を信奉するキリスト教徒を許せなかったのです。

このように、三百年以上にわたって、キリスト教徒は苦難の道を歩みました。〝潮目〟が変わったのは、ディオクレティアヌスのあとです。彼の死後、コンスタンティヌスが皇帝になりました。

コンスタンティヌスは三一三年、ミラノでキリスト教を公認するという勅令を発布しました。いわゆるミラノ勅令です。これは「キリスト教を信じてもよい」ということです。ディオクレティアヌスがキリスト教を大弾圧してわずか十年ほどで、キリスト教に対する見方は大きく変わりました。弾圧しても増え続けるキリスト教徒を、もはや認めないわけにはいかなかったのでしょう。

さらに三八〇年、時のローマ皇帝、テオドシウスはキリスト教を国教にします。そして三九二年、キリスト教以外の宗教を禁じ、ローマ帝国の臣民全員がキリスト教を信じなくてはいけなくなりました。信じると迫害され、場合によっては殺されてしまう状況から、信じなくてはいけなくなった。まさに百八十度の大転換です。

皇帝を屈服させた「カノッサの屈辱」

こうした過程の中で、大きな力を持つようになっていったのが教会です。信者が集まり、祈る場を教会の始まりとすると、最初期の教会の中心人物になったのは十二使徒の筆頭でもあるペトロです。事実、ペトロはカトリック教会の初代教皇と見なされています。

キリスト教がローマ帝国の国教になったということは、国家のお墨付きを得たということ。これは極めて大きな後ろ盾です。

しかし、これはキリスト教本来の教えからすると、ズレが生じてしまっています。「カエサルのものはカエサルに、神のものは神に」と、イエスは言ったわけですから。にもかかわらず、キリスト教は政治権力と深くつながってしまいました。

キリスト教は本来、神と個人が直接つながることを重要視していました。安らかなとき、苦しいときを問わず、個として神を思い、信じ、対話をする。それが本来あるべきキリスト教の姿です。

しかし、そこに教会が現われるようになった。あるいは、仲介するようになった。神は何をお考えになり、何を仰せなのか。――そのことを知るために、教会を通さなくてはいけなくなりました。ローマ帝国の支えを得た教会はやがて神の代理人として、絶大な権力を持つようになっていったのです。

キリスト教において、神は圧倒的な力を持っています。誰も逆らうことができません。教会はその代理人ですから、これもまた、圧倒的な力を持つようになっていきました。民衆から寄進という形で多くの財産が教会に寄付されるようになり、富、すなわち財力も持つようになっていきます。

教会は年々、力を強めていき、その長たる教皇の権威・権力はいよいよ隆盛を誇るようになります。

その象徴的な出来事が起こったのが一〇七七年のこと。神聖ローマ皇帝（ドイツ皇帝）のハインリヒ四世と教皇グレゴリウス七世が対立し、皇帝のハインリヒ四世が教皇のグレゴリウス七世に屈服する事件が起きたのです。

経緯を少し説明しましょう。北イタリアの聖職者の叙任権を巡って、二人は対立していました。教会の聖職者は従来、神聖ローマ皇帝が任命していましたが、グレゴリウス七世はこれに異を唱えました。ここに両者の争いが起こり、対立は深まる一方でした。

そこで、教皇グレゴリウス七世は伝家の宝刀を抜きます。彼は自分に従わないハインリヒ四世を破門、すなわちキリスト教徒の資格を剝奪したのです。ハインリヒ四世はグレゴリウス七世に謝罪するために、ドイツからグレゴリウス七世の滞在していたイタリアのカノッサ城に赴きます。雪の舞う中、ハインリヒ四世はその城の外でグレゴリウス七世に詫び続けたといいます。これがいわゆる「カノッサの屈辱」です。

皇帝には武力、軍事力があります。一方の教皇に武力、軍事力はありません。それでも、皇帝のハインリヒ四世は教皇のグレゴリウス七世に屈してしまいました。どうしてでしょうか。ドイツ国内の諸侯たちが、破門された人物を皇帝とは認められないと言い出したのです。これはつまり、このころには、それほどまでにキリスト教は、もっといえば、教会は絶大な力を持つまでになっていたということです。

さらに、のちの教皇インノケンティウス三世は、イギリス王のジョンを破門にしたり、フランス王のフィリップ二世を屈服させるなどして、イギリスやフランスの政治に介入します。「教皇は太陽、皇帝は月」の言葉とともに、インノケンティウス三世は教皇権の絶頂期を築いたのです。

キリスト教の教会のトップが世の中で最も大きな権力を持つまでになったということです。なにしろ皇帝も王も、教皇の前にひざまずくのですから。キリスト教の信者であるだけで迫害されたり、虐殺されたりしたころからすると、まさに隔世の感があります。

ここで、キリスト教が世界宗教になった理由を今一度、整理してみると、一つはイエスがヤーヴェを、ユダヤ教を解放したことが非常に大きい。神を信じる者は皆必ず救われる、という個人救済は、門戸を大きく開きました。これが根本です。もう一つは、教会という組織が組織として成功したことです。イエスの生と死を神格化し、強烈な魅力を持つ宗教へと発展させました。これら二点が大きく作用して、キリスト教は世界中に拡大していったと考えられます。

侵略によって広まっていったキリスト教

キリスト教が拡大していく過程では、悲惨な出来事も数多く起きています。

たとえば、スペインで生まれたカトリックの司祭、ラス・カサスによって書かれた『インディアスの破壊についての簡潔な報告』には、目を覆いたくなるような凄惨な場面が数多く登場します。

時は大航海時代の十六世紀前半。キリスト教と文明の名の下に、スペイン人たちは新大陸へ乗り込みます。現在の地名でいえば、ハイチ、キューバ、ベネズエラ、コロンビア、ペルー、メキシコなどです。

そこで彼らは、現地の人たちに対して殺戮の限りを尽くします。友好的にもてなしてくれた現地の人たちを、スペイン人たちは殺し続けたのです。身重《みおも》の女性も、赤ん坊も、老いも若きも、男も女も、次々に殺していきます。家に火をつけ、家々を焼き尽くし、人々も焼き殺します。猟犬をけしかけ、食い殺させたこともありました。スペイン人たちは虐殺に次ぐ虐殺を繰り広げたのです。

宣教師であるラス・カサスは、さすがに心が痛んだのでしょう。無抵抗で、友好的ですらある人たちを虐殺する行為が果たして神の御心《みこころ》に添うものなのか、疑問を抱いたのです。そこでスペイン国王に対し、起きていることを報告し、彼《か》の地の征服をやめるように訴えました。スペイン人たちの残虐な行ないの一端は、先述の『インディアスの破壊についての簡潔な報告』（岩波文庫）などの本で、私たちも読むことができます。

サッカーの試合では、ブラジルやアルゼンチン、コロンビア、メキシコなどの中南米の代表選手がゴールを決めた際、十字を切ることがあります。彼らはキリスト教徒で、十字を切って、神に祈りを捧げているのです。

中南米には現在、多くのキリスト教徒がいます。なぜかというと、スペインやポルトガルがかつてそれらの地を植民地にして、自分たちの宗教であるキリスト教を布教したからです。イギリスなどのキリスト教国はアフリカでも残虐な行為をしました。十六世紀後半から十九世紀初頭まで、一千万人以上のアフリカ人が奴隷としてアメリカ大陸などに運ばれたといわれます。奴隷が詰め込まれた奴隷船の中はまさに地獄でした。その劣悪な環境の中で、大勢の人が途中で亡くなったのです。

無論、生き残っても奴隷としてプランテーション（大規模農場）などで過酷に働かされ、多くの人が苛烈な運命を辿りました。

汝《なんじ》の隣人を愛せよ――。そうイエスは言ったはずです。しかし、その教徒の中には、人を殺しまくった人たちもいました。世界各地を植民地化して、現地の人たちを虐殺し、奴隷にしていったのは、圧倒的にキリスト教徒です。愛の教えがなぜ……。ラス・カサスでなくとも、疑問に思うはずです。

皮肉なことに、植民地で生き残った先住民たちにとってキリスト教の教えは救いとなり、その多くはキリスト教徒になっていきます。これはつまり、侵略者、殺戮者たちの宗教を信じるようになっていったということです。キリスト教はこのような形で、世界に広まっていったのです。

宣教師と教会を使って支配していった

世界各地を植民地にし、現地の人々を殺したり奴隷にしたりしていったヨーロッパのキリスト教徒たち。ではなぜ、隣人愛を説くイエスの教えに反するような、殺戮や強奪、強姦、放火、他民族の奴隷化などの行為を行なったのでしょうか。

理由の一つとして、キリスト教徒といえども、皆が皆、イエスの教えを理解し、自分のものにしていたとはいえないことが挙げられるでしょう。表面的には信者であっても、理解も行動も伴わない信者が数百年前にも大勢いたのです。

もう一つは、一神教の排他性も強く働いたのかもしれません。神を信じ、イエスを信じ、キリスト教を信じている人たちは、共通の価値観を持っていますが、キリスト教を信じていない人とは相容れない。相容れないだけではなく、人間と考えず、人と認めない。

この世界や宇宙を創った神を知らず、信じもしないような存在は人間ではなく、動物に等しい。人間でないのだから、隣人ではない。動物だから、人間のために殺しても構わない。ためらうこともない。そうした論理になりかねません。

「我々にかたどり、我々に似せて、人を造ろう。そして海の魚、空の鳥、家畜、地の獣、地を這《は》うものすべてを支配させよう……」。『旧約聖書』の「創世記」にはこういう文章もあります。現地人、先住民を「地の獣」と見なすと、支配しても構わない存在になります。

イエスの「汝の隣人を愛せよ」の「隣人」は、ほかの民族やほかの宗教を信じている人も含んでいたと思いますが、信者たちの考えは必ずしもそうではありませんでした。これは、イエスの教えを表面的にしかわかっておらず、その教えの本質を理解していなかったためといえるのではないでしょうか。

ヨーロッパの国々が世界各地を植民地化していった時代は、人間の欲望が果てしなく膨張した時代でもあります。とすると、征服欲や支配欲がキリスト教の教えよりも勝《まさ》っていたともいえそうです。その欲望の犠牲になった人たちはあまりに悲惨ですが、そのようにしてキリスト教は世界各地に広まっていった側面もあるのです。

先住民たちが心のより所にしている土着の信仰を捨てさせて、自分たちの宗教、つまりキリスト教を信じさせる。すると、自分たちの同類になるだけでなく、先住民を精神的にコントロールしやすくなります。同じ神を信じる者だから、「神がこう言っている」「神の指示どおりにしなさい」と、神を持ち出すことで、支配もしやすくなるのです。

ただ実際に、ヤーヴェ、あるいはゴッドが「私はこう思う。このとおりにしなさい」と言うわけではありません。そこで活躍し、威光を放つのが教会です。教会が発する言葉が神の言葉として人々に伝えられることで、暴力行為をもってだけでなく、精神的にも先住民たちを支配下に置くことができるようになっていったのです。

ヨーロッパの国々が侵略行為をした際、宣教師を伴うことがありました。宣教師がいると、教会をつくりやすい。宣教師がいて教会もあると、キリスト教の神の言葉を発することもできるようになる。すると、生き残った現地の人たちやその子孫を〝教育〟しやすくなります。さらには、教会への寄進を通じて、金銭的な支配も強められます。ヨーロッパの国々はこうして、総合的に現地の人たちをコントロールしていったと考えられます。

日本にキリスト教が普及していない理由

世界中に広まっていったキリスト教。その世界の中には日本も含まれるわけですが、現在、日本のキリスト教徒は多くありません。クリスマスやバレンタインデーなどのキリスト教にまつわる行事はかなり定着していますが、これらはあくまで行事であって、キリスト教に対する信仰心とはまるで別物です。

では、どうして日本でキリスト教は、さほど広まらなかったのでしょうか。理由はいくつか考えられます。

キリスト教では、『旧約聖書』と『新約聖書』がセットになって「聖書」になっています。『旧約聖書』はもともとユダヤ教の聖書で、ユダヤ民族のための聖典です。そこには、モーセに導かれてエジプトを脱出する話やイスラエル王国の統一や分裂、滅亡に関する話なども書かれています。そうした話がたくさん出てくる書物を「聖書です」とか「神の教えです」などと言われても、感覚的に遠すぎてピンと来ない日本人が多いのではないでしょうか。つまり、自分たちが信じる宗教としては実感しにくく、違和感があるのでしょう。

原罪の考え方も、日本人には馴染みにくいように思います。アダムとイブ（エバ）が神に背いて、禁断の木の実を口にしたことに端を発する人類最初の罪である原罪。この実は善悪の知識の実で、アダムとイブはこれを食べて、神に近づこうとするという罪を犯したわけです。このことは『旧約聖書』の「創世記」に記されています。ここから、キリスト教では、すべての人間は生まれながらにして罪を負っているとされています。

しかし、日本人の感覚からすると、生まれてきた赤ちゃんに罪があるとはとても思えないでしょう。祝福されこそすれ、罪深い子だな、とは思わないはずです。

さらに、ヤーヴェという厳しく荒々しい部分を持っている神は受け入れにくいということもあると思います。日本人は平穏をとても好みますし、白黒つけず、曖昧であることもよしとする民族です。そういう日本人に、キリスト教に限らず、セム的一神教は合わないのではないでしょうか。

考えてみると、日本にキリスト教が広まるチャンスは少なくとも三回はありました。一つは戦国時代から安土桃山時代、二つ目は明治維新、三つ目は太平洋戦争後です。これらはかなり大きなチャンスだったと思うのですが、いずれもキリスト教の本格的な布教にはつながりませんでした。どうしてでしょうか。

キリスト教はなぜ三度の布教チャンスを逃したのか

まず戦国時代から安土桃山時代には、一五四九年にイエズス会のフランシスコ・ザビエルが最初に来日したのを皮切りに、多くの宣教師が来日しました。

宣教師側から見ると、当初はかなりの成果をあげました。高山右近《たかやまうこん》、小西行長《こにしゆきなが》、蒲生氏郷《がもううじさと》など、大名でキリスト教徒になる人物、いわゆるキリシタン大名も出てきたほどです。

戦国時代の覇者、織田信長もキリスト教を容認しました。そのあとを継いだ豊臣秀吉も当初は容認していたのですが、途中で方針を転換し、バテレン追放令を発布します。このときは秀吉の嗅覚が働いたのか、イエズス会が日本の信者を自らの支配下に置こうとしているのをかぎ取って、それを防ごうとしたようです。日本を我がものにしている自負と民を守る責任感がある秀吉からすると、イエズス会というキリスト教の教団は危険で邪魔な存在になったのでしょう。

秀吉のこの危機感は、中南米などの歴史を見てみると、的を射ていたともいえます。先ほど書いたように、肉体的にも精神的にも金銭的にもコントロールされ、収奪されていった中南米などのありようを見ると、もし秀吉がバテレン追放令を出していなければ、キリシタン大名がさらに増えて、その領民、つまり全国の庶民にまでキリスト教が広まっていった可能性があります。あるいは、武力を背景にスペインなどが日本人にキリスト教への改宗を迫ったかもしれません。秀吉はその事態を防いだといえるかもしれません。

明治維新から明治時代前半にかけての期間も、日本にキリスト教が広まる大きなチャンスだったでしょう。なにしろ文明開化や欧化政策を掲げ、西洋の考えや文化、文明を積極的に受け入れた時期ですから。

実際、内村鑑三や新渡戸稲造たち、キリスト教に入信した知識人やエリート層も多数いました。しかし、全体にはあまり広がりませんでした。なぜかというと、明治政府は天皇を中心とする国家神道をつくって、国民全員にそれを信じるようにさせたからです。

明治の初年には、廃仏毀釈まで行なっています。政府主導で仏教排斥運動を展開し、各地の仏堂や仏像などが破壊されていきました。

一千年を超えて日本に根づいていた仏教ですら、こうした悲惨な目に遭ったのです。基本的には鎖国されていた江戸時代ののちに、新参の宗教としてやってきたキリスト教が広まる余地などなかったのが実情でしょう。

日本にキリスト教が広がったかもしれない三つ目の可能性として考えられるのは戦後です。日本はアメリカなどの連合国に負けて、とりわけアメリカの文化が怒濤の勢いで入ってきます。この文化の中にキリスト教も含まれていました。ですから、日本人がこの時期に一気にキリスト教徒になることはありえたかもしれません。しかし、そうはなりませんでした。

なぜなら、当時の日本人にキリスト教が入り込む余地はなかったのです。日本の各地が焦土と化して、食べるものにも、着るものにも、住むところにも、事欠くありさま。そうした状況にあっては、まずは復旧・復興し、経済的な豊かさを取り戻すことが優先されたのでしょう。アメリカ流の物質的に豊かな生活と民主主義の二つが切実で重要な目標となり、キリスト教はそこまで差し迫った目標とはなりませんでした。

このように、結局日本ではキリスト教は広がりませんでした。今の私たちはキリスト教にまつわる行事を楽しんではいるけれど、その教えを信奉している人は世界に比してごく少ない。それは右に見たような事情があるからではないでしょうか。

ユダヤ教徒はなぜ世界に大きな影響力を持つのか

ユダヤ教はキリスト教やイスラームのように世界に広がりませんでしたが、その影響力は絶大と言っていいでしょう。どういうことか、少し見ていきましょう。

たとえば、ユダヤ人はアメリカの政治に大きな影響力を持っています。ユダヤ・ロビーがアメリカの議会を動かすこともあります。ユダヤ・ロビーとは、ユダヤ民族やイスラエルの利益のために行なう政治活動です。ユダヤ人のロビイストが活動することで、アメリカの政治が左右されることもあるのです。アメリカの政権には、ユダヤ系の高官が何人も入っていたりします。

在米ユダヤ人はアメリカ社会を構成する単なる少数派ではない。在外同胞のために、アメリカ政府の特別待遇を要求しうる「強い少数派」なのだ。

これはユダヤ人史、米英の人種関係史を専攻している佐藤唯行氏の『アメリカはなぜイスラエルを偏愛するのか』（新潮文庫）の一節です。

世界でも、アメリカ国内でも、少数派の民族ではあるけれど、大きな力を持っているユダヤ民族。彼らはどうして、そのような多大な力を持つようになったのでしょうか。

歴史的に見ると、ユダヤ民族、そしてユダヤ教徒は何度も迫害されてきました。十字軍の遠征時の襲撃やナチス・ドイツによる虐殺など、ユダヤ民族が迫害された例はたくさんあります。

各地で迫害され続けたユダヤ民族は生き残るために、世間一般からは蔑まれていた仕事にも取り組みました。しかし、実はそのことがユダヤ人が現在、世界で大きな影響力を持つに至っていることと大いに関係するのです。少し長くなりますが、『ユダヤ人の歴史』(レイモンド・P・シェインドリン著、入江規夫訳、河出文庫)の一部を見てみましょう。


一五〇〇年頃から始まったヨーロッパの社会および思想の変化はユダヤ人の生活にも大きな影響を与えた。経済構造の拡大は何世紀にもわたって金貸し業に追いやられていた人々に上昇の手段を与えることになった。この侮蔑の対象でしかなかった職業が、一躍有望な投資の対象に変化したのである。十七世紀になって、商業主義と資本主義が拡大すると、経済的な豊かさが優先されて宗教的なことは二の次になった。近代初期には、ヒューマニズムや宗教改革さらには啓蒙運動などによって、教会が知的な事柄をすべて統括するといった状況は次第に崩壊していった。さらにこうした動きは、ユダヤ人に対する宗教的差別の根幹となっていた神学的根拠を緩めることにもなった。

時代が進むと人々の政治思想にも変化が現れ、ユダヤ人をユダヤ社会という地域的な閉鎖社会の住民としてではなく、国家を構成する一市民として考える見方が出てきた。こうした変化が本格化するのは十八世紀以降であるが、その基盤はすでに近代初期の頃に築かれていた。

先の章で見てきたように、キリスト教ヨーロッパ社会においてユダヤ人の携わることのできた職業は極めて限られていた。金貸し業、小規模な質屋、古物の売買などである。しかし、一部のユダヤ人はこの制限を逆手に取って資本を蓄え、金融と投資に関するプロとなった。たび重なる追放と強制的な移住はユダヤ人を西欧社会のあちらこちらにばらまくことになったが、結果としてユダヤ人たちは各地をつなぐ国際的なネットワークを形成することができた。そして、アシュケナジムとセファルディムは文化的には異なっていたが、アウトサイダーとしての地位、共通の宗教、ヘブライ語という共有する言語などにより、キリスト教ヨーロッパとイスラム教中東社会のビジネスの仲介者としてともに有利な立場にあった。従って、十六世紀初頭において世界各地のユダヤ人が悲惨な状況にあったのは事実であるが、将来の経済的復活の基盤はすでにできつつあった。

ユダヤ人たちがどのようにして重要な位置を占めるようになっていったか、その過程がわかりやすくコンパクトに説明されていると思います。ちなみに、アシュケナジム（ドイツ、東ヨーロッパに定住したユダヤ人）とセファルディム（離散したユダヤ人のうち、スペインやポルトガルに居住した人々）は、それぞれ今日のユダヤ社会の二大勢力といわれます。

かつてのヨーロッパ社会では、金貸し業は恥ずかしい仕事と思われていました。利息を取って生活するなど、卑しい者がすることとされていたのです。それはキリスト教の考え方でもありました。

『ヴェニスの商人』という物語がありますね。十六世紀の終わりごろにシェイクスピアによって書かれた喜劇で、シャイロックというユダヤ商人は悪辣で強欲な人物として描かれています。「お金を返せないときには、相手の肉をそぎ取る」などという証文に、シャイロックはサインをさせたりするわけです。

こうしたことから、強欲な人のことを「シャイロック」ということもあります。当時、ヨーロッパのキリスト教徒たちがユダヤ人をどのように見ていたのか、その一端が垣間見られるでしょう。

しかし時代が下ってくると、金融や投資に明るいことは大きな強みになっていきます。さらに現代社会では、金融や投資は世界中でいっそう重要な分野になっています。かつて蔑まれたユダヤ人たちの力が大きく発揮できる世の中になったということです。

数は少なくとも、金融や投資に明るく、国際的なネットワークを持ち、世界の大国アメリカにも強い影響力を持つユダヤ人やユダヤ教徒は、キリスト教徒やムスリムとは違った形で世界に大きな力を持っているといえるでしょう。

なぜ〝あの場所〟にイスラエルが建国されたのか？

パレスチナ問題にも触れておきましょう。イスラエル対パレスチナの対立をユダヤ教対イスラームととらえている人も多いかもしれません。

確かにイスラエルはユダヤ教徒の多い国で、パレスチナ自治区には多くのムスリムが住んでいます。そのイスラエルとパレスチナが争っているのだから、これはユダヤ教対イスラームの戦いだと考えるのでしょう。となると、これは宗教対立、あるいは宗教戦争ということになりそうです。しかも、セム的一神教同士の戦いです。しかし、それがこの対立の本質でしょうか。

それを読み説くために、まずはこれまでの歴史や経緯を少し見ていきましょう。

対立の舞台となっているパレスチナという地は地中海の東岸にあって、『旧約聖書』では「カナン」とも呼ばれています。

『旧約聖書』に「出エジプト記」という話があります。これは、モーセ率いるイスラエルの民がエジプトを脱出する話です。紀元前十三世紀、モーセたちはカナン＝パレスチナをめざします。「カナンへ行け」という、神ヤーヴェの命令に従ってのことでした。

そして紀元前一〇〇〇年ごろ、モーセたちの後継者が、この地にヘブライ王国を建てました。ヘブライ王国があった場所は現在のイスラエルとほぼ同じです。その後、ダヴィデ王やソロモン王の時代には大いに栄えました。今から三千年ほど前のことです。さらにその後は、北部のイスラエル王国と南部のユダ王国に分裂するなどします。いずれの出来事も日本は縄文時代。はるか昔のことに思えますが、これらの出来事は今の世界に影響を与え続けているのです。

時を経てローマ帝国が支配するようになりました。そこでローマに厳しく弾圧されたユダヤ人は何度も反乱を起こしますが二世紀前半についに鎮圧され、世界各地へと離散を余儀なくされたのです。これがユダヤ人の離散（ディアスポラ）と呼ばれるものです。

時はだいぶ下って十六世紀。オスマン帝国（オスマン・トルコ）がパレスチナを治め、そこには多くのアラブ人が住んでいました。そして十九世紀になると、離散していたユダヤ人が自分たちの国をつくる運動である「シオニズム」を展開するようになります。国家建設をめざす場所はパレスチナ。パレスチナはユダヤ人にとって神に約束された地。神、ヤーヴェが「めざせ」と言った約束の地です。

シオニズムは盛り上がり、多くのユダヤ人がパレスチナに移住しました。さらに、第二次世界大戦が起こり、ナチス・ドイツによって大勢のユダヤ人が迫害・虐殺されると、ユダヤ人のパレスチナへの移住はますます増えていったのです。

すると当然、前からパレスチナの地に住んでいた人たちとユダヤ人との間で対立が起こります。住民の多くは、イスラームを信仰するアラブ人です。その結果、パレスチナではアラブ人と激増するユダヤ人との対立が激しくなっていきました。

一九四七年、国際連合はパレスチナをユダヤ人国家とアラブ人国家に分割する案を可決します。ところがこれは、ユダヤ人に有利な地割りで、アラブ人はこの案を拒否します。そこで一九四八年、ユダヤ人は一方的にイスラエルを建国したのです。

しかし、アラブ人がこれを認めるわけがありません。彼らにしてみれば、勝手に侵略して、国をつくるとはいったい何たることか、という思いでしょう。そのため同年、第一次中東戦争（パレスチナ戦争）が起こるのですが、ユダヤ移民が多いアメリカなどがイスラエルを支援したのち、国連の停戦調停によって戦いは終わりました。しかし、その後も中東戦争は第四次まで行なわれ、アラブ人による抵抗が繰り返されているように、イスラエルとパレスチナの対立が終わる気配はありません。

ヨーロッパや日本には、パレスチナびいきの人が多いといいます。そもそも筋からいって、パレスチナの土地をアラブの人たちが自分たちのものだと思うことには、正当性があるといえます。

パレスチナ問題は宗教対立か

こうして数千年に及ぶパレスチナの歴史をざっくり振り返ると、イスラエルとパレスチナの対立は、単なるユダヤ・キリスト教とイスラームとの宗教的対立という図式では語れないように思われてきます。げんに近年では、これらの見方を否定する見解が増えています。

そうした見解によると、まず古代イスラエルの民と現代のイスラエル人は別物です。なかには、正統的なユダヤ教徒の国ではないとして、イスラエルを批判するユダヤ人の識者もいるほどです。さらに、離散したユダヤの民が約束の地カナンで国をつくるシオニズム自体、虚構であるとする説もあります。

『イスラエルとは何か』(ヤコヴ・M・ラブキン著、菅野賢治訳、平凡社新書)という本があります。著者のラブキン氏は科学史、ロシア史、ユダヤ史を専門にしています。彼の『イスラエルとは何か』から少し引用してみましょう。

ユダヤ・アイデンティティーを一個の近代的な民族アイデンティティーとして作り替えようとするシオニストたちの作業は、必ずしも容易なものではありませんでした。まず、西ヨーロッパの諸国民にすでに統合を果たした、あるいは近い将来における統合を志向していたユダヤ系住民の目に、シオニズムが打ち出す新しいアイデンティティーは、脅威的な、到底受け入れがたいものと映りました。ユダヤ系住民が国家ぐるみの構造的な差別に苦しみ続けていたロシア帝国においてさえ、シオニズムを支持したり、ましてやみずからパレスティナに向けて旅立とうと考えたりする人は決して多くなかったのです。

この記述からは、シオニズムという運動を迷惑この上なく思っていたユダヤ人も少なからずいたことがうかがい知れます。ほかにも、『旧約聖書』のユダヤ人と現在のイスラエルのユダヤ人とは何の関係もないとする意見もあります。

イスラエルは欧米諸国の力を借りて政治的に形成され、今も成り立っている国です。イスラエルはユダヤ教国家というより、アメリカをはじめとした欧米諸国の思惑でできた国で、小国ながら、強大な軍事力を有する国でもあります。そして背後には、世界最大の軍事国家アメリカが控えています。

となると、イスラエルとパレスチナの対立の本質はユダヤ教とイスラームの宗教上の争いではなく、あくまでも政治的な問題といえそうです。

さらに、ドイツによるホロコーストもパレスチナ問題には絡んでいます。

ナチス・ドイツによって虐殺されたユダヤ人たちに対し、多くのキリスト教徒が贖罪《しょくざい》の意識を持ちました。ドイツ人が罪の意識を持って、その罪過を償うのであればわかります。たとえば、ドイツの領土の一部をユダヤ人のために割譲し、そこにイスラエルを建国するのであれば、筋が通っていると思うのです。

ところが、どういうわけか、ドイツの領土ではなく、ホロコーストに何の関係もないパレスチナ人の土地がユダヤ人に与えられてしまいました。いわばドイツの領土をパレスチナが肩代わりしているような妙な構図です。

ドイツの人たちがしたことを、なぜパレスチナの人たちがあがなわなくてはいけないのか。そのことを改めて冷静に考える必要があるでしょう。

第3章

宗教改革と現代日本はつながっている

ルターの目覚め

町の司祭、大学教授として赴任していたルターは、日中、街の路上でひとりの酔っぱらいを見かけた。かなり酔って、道端に横たわっている。そのような生活を送っていては、魂の救いには至りえない。そう思ったルターは、男に声をかけた。

「昼間から酔っぱらっていないで、真面目に働きなさい。そんなことでは、神さまの御《み》心《こころ》にかなわないよ。自分が死んだ後のことを考えなさい」。

するとと、男は酔眼を半分見開き、丸めた一枚の札を掲げながら、こう答えた。

「神父様、あっしには、これがありまさあ。だから、大丈夫で……」。

男が手に握っていたのは、免罪符である。これを見た若きルターは、大きな衝撃を受けた。聖書の教えを学生たちに講義するだけではだめだ。この男の心にも届くように語る努力をしなければ。これが、ルターが自らの新しい使命に目覚めた瞬間であった。

右は『マルティン・ルター』（徳善義和、岩波新書）の一節です。ここに出てくる「免罪符」という言葉は中学校や高校の歴史の授業などで習った人も多いと思います。マルティン・ルターが若かりしころ、十六世紀のドイツでは、免罪符（最近では「贖宥状《しょくゆうじょう》」と訳されることが多いです）を持っていれば、罪が消えて天国に行けることになっていました。

贖宥状（免罪符）は教会が発行していました。その贖宥状をお金を払って買えば、罪が許される。当時のカトリック教会では、サン・ピエトロ大聖堂の改修工事をしていて、そのために莫大な費用を必要としていました。贖宥状の販売利益は、サン・ピエトロ大聖堂の改修工事にあてるつもりだったのです。

第2章で見たように、中世には教会は神の代理人として、絶大な権力を持つようになっていました。なにせカノッサで皇帝をも跪《ひざまず》かせるほどの存在になっていたのですから。庶民も皆、教会の権威を信じていました。その教会から、贖宥状をありがたくいただいていたわけです。

しかし、それはキリスト教本来の思想にかなうものなのか。贖宥状をお金を出して買って救われるのなら、金持ちであることが救われる条件になるのではないか。ルターはそのように考えたのでしょう。そこで一五一七年、ルターは教会に質問状を出します。それが「九十五ヵ条の論題」です。これによって、宗教改革が始まったとされています。

イエスの言葉に耳を澄ますとは

キリスト教とは何か、その本質をルターの宗教改革は教えてくれます。イエスから始まり、弟子たちが始めたキリスト教は教会という組織を持つことで、世俗化し、政治的にも経済的にも力を持つようになりました。そして、中世のドイツでは、贖宥状を購入すれば救われる、と説かれるようにまでなる。これが果たして神の教えなのか。ルターでなくとも、現状を知れば、そう疑問を持つかもしれません。

また、ルターは次のようなことも思ったかもしれません――。

イエスの言葉を聞いた十二人の使徒の立場になってみよう。彼らの立場になって、イエスの言葉を聞いたとしよう。イエスの言葉に耳を澄ませ、その言葉に虚心に向き合ってみよう。それでも、カトリック教会の行ないは神の御心に添うと思えるだろうか。

自分たちはイエス、すなわち神の子とつながることで、神の声を聞ける。罪深い自分が神の声を聞ける。なんとありがたいことか。しかし、その間に、つまり神の子イエスと自分との間に教会という仲介は必要ないのではないか。贖宥状などというものを買えば救われるという教会など不要ではないか。そして、聖書には神の言葉が書かれている。個として聖書を信仰することこそ大事なのではないか。

──おそらく、ルターにはこのような思いがあったのではないでしょうか。

前出の『マルティン・ルター』をもう少し見てみましょう。

ルターはあたかも神と格闘するかのように、脂汗を流しながら聖書を読み、学生たちに聖書を講じていった。（中略）

これによって、ルターの宗教改革的な神学が、ほぼ全面的に明示されたといえる。ルターは講義の中で、この新しい神学を「十字架の神学」と呼んだ。（中略）

ギリシャ思想の影響を受けて、中世のキリスト教神学は、「栄光の神」を中心に構築された、人間の思考にもとづく思弁神学の様相を呈していた。ルターによる十字架の神学は、このような人間を中心に築かれた神学に対するものであった。聖書のことばにのみ従い、神が自らのあるがままの姿として示した「キリストの十字架」を信仰の中心として受け止める。およそ栄光とはかけ離れた、みじめで無残なイエスの姿こそ、神の恵みと認めることから始まる神学である。

聖書の言葉だけに従って、惨めで無残だったイエスの姿にこそ神の恵みを認める。世俗的権力を求め、手に入れ、権勢を誇っていたカトリック教会から、信仰のあり方を見いだすことは限りなく難しい。教会の実態を知ったルターの嘆きや怒りが、キリスト教の改革へと向かわせたのでしょう。

プロテスタントの誕生と聖書の解放

同書には さらに次のようにあります。

神は「義（正しさ）」を、イエス・キリストというかたちで、罪深き人間への「贈り物」として与える。その結果、「義」はそれを贈られた人間の所有するものとなり、人間は救われる。だからこそ、聖書は神の「義」を「解放」や「救い」と結び付け、「福音（喜びの知らせ）」と結び付けて語っているのである。「義」とは、人間に裁きを下す神の絶対的な正しさを意味するのではない。ルターはそう理解した。

神は人間にイエスを贈り物として与えてくれた。それは義《ただ》しさ（正しさ）という贈り物である。私たちは罪深い人間だけど、その罪をイエスがあがなってくれる。ここで、ルターは神の義しさと救いが結びついたというのです。

ヤーヴェは非常に厳しく、荒々しい神でもあるけれど、私たち人間はイエスを贈ってもらったことで神の恵みに与《あずか》れるようになった。人間を解放するためにイエスは神から使わされた。そのようにルターは理解したのではないでしょうか。

ルターと教会は互いを批判し合います。ルターは教会と教皇の権威を公然と否定するまでになります。

のちにルターは、カトリック教会とは別の宗派を立てます。ルター派教会（ルーテル教会）です。

ルター派教会以後のキリスト教の新しい宗派は、「プロテスタント」と呼ばれます。プロテスタントは「抗議する人」の意味で、ルター派を禁止した神聖ローマ皇帝のカール五世にルター派諸侯が抗議したことに由来します。

世俗にまみれ、権力を志向し、権威的になってしまったカトリック教会からルターは離れ、「聖書のことばにのみ従い」「およそ栄光とはかけ離れた、みじめで無残なイエスの姿こそ、神の恵み」と考えることにした。こうして見ると、ルターはキリスト教を原点に立ち返らせた人物といえそうです。

もう一つ、ルターの大きな功績があります。それは聖書を庶民に解き放ったことです。

ルターは聖書をドイツ語に訳しました。ルターがドイツ語に訳すまで、聖書は基本的にラテン語訳のものでした。ラテン語は教養ある聖職者や高等教育を受けたごく一部の人しか読めないため、庶民は誰も聖書を読めなかったのです。しかも聖書は一般の家庭にはなく、教会で厳重に保管されていて、庶民が近づき難いものでした。それをルターがドイツ語に翻訳することで解き放った。つまり、ドイツの庶民でも読めるようにしたのです。

この少し前には、ドイツ人のグーテンベルクが活版印刷を実用化していたことも追い風になりました。活版印刷術が発達したことで、ドイツ語版の聖書がドイツ中に広まるようになったからです。

一千数百年にわたって、庶民が聖書を読めなかったこと自体に驚かされますが、ともかくも、ルターがドイツ語に翻訳したことでドイツの庶民も聖書を読めるようになりました。それまでは、ラテン語でしか、つまり教会を通してしか、聖書に触れることができなかったのですから、これは大きな変化です。

それと同時に、聖書を独占していたカトリック教会はその独占権を失う結果になってしまいました。聖書を管理していたことが権力の一つの源になっていたのですが、それが薄まることにもなったのです。

カルヴァンの禁欲主義が生んだ資本主義の精神

宗教改革では、重要な人物がもう一人います。ジャン・カルヴァンです。

フランス生まれのカルヴァンは一五三六年、教会の改革者としてスイスのジュネーブに招かれます。ここでカルヴァンは聖書の教えを厳格に守る暮らしを庶民にも求めました。

飲酒や賭博なども認められなかったため、町は静まりかえります。まじめに禁欲的に働き、行動することをカルヴァンは市民に求めたのです。そうしたことが神の御心に添うとカルヴァンは考えました。贖宥状さえあれば、昼間から酒を飲んで酔っぱらっていても構わないとする考えとは対極にあります。

このように、ひと言で言うと、プロテスタントはまじめです。禁欲的に一所懸命働き、浪費はするな、という教えですから、お金も貯まります。

お金が貯まっても、酒を飲んだり遊興に耽《ふけ》ったりもできないので、お金はますます貯まっていきます。やがて、蓄積されたお金が資本になり、資本主義の勃興・発展につながっていくわけです。ドイツのマックス・ヴェーバーは『プロテスタンティズムの倫理と資本主義の精神』の中で、それらの仕組みを究明しました。

プロテスタントのような禁欲的な思想を持つ集団で、どうして資本主義の精神が育ったのか。ヘンじゃないか。そう思う人もいるでしょう。確かにこれは一見、わかりにくいと思います。

資本主義には欲望を追求する側面があります。その資本主義が欲望を抑制することを勧めるプロテスタントとどうして結びつくのか。そうした疑問に対しても、『プロテスタンティズムの倫理と資本主義の精神』は答えてくれます。

この本に出てくるキーワードの一つに「ベルーフ（Beruf）」があります。ベルーフにはいくつかの訳がありますが、ここでは「天職」ととらえるとわかりやすいです。

ベルーフ、つまり天から与えられた職業に真摯に向き合い、それをまっとうすることが大事であるし、神の御心にも添う。カトリック教会も関係ない。それを配慮する必要もない。贖宥状を買えば、酒を飲んで遊び回っていても救われる、という考えもない。

これに「予定説」が加わります。予定説はカルヴァンが唱えた説で、その名のとおり「予《あらかじ》め定まっている」とする考え方です。私たちが天国に行けるどうか、その運命は初めから決定しているということです。善行を積もうが、悪行《あくぎょう》を働こうが関係ない。神は人知を超えた超越的な存在だから、善い行ないをしようが、一所懸命に信仰しようが、その人の運命とはなんの関係もない、とカルヴァンは考えたのです。

そうであるなら、努力しても怠けていても、神を信じても信じなくても、同じじゃないか、と思いそうなものです。だったら、好き勝手に生きよう、と多くの人が思っても不思議ではありません。ところが、そうはならなかった。ここがプロテスタントの不思議でおもしろいところです。

しかし、考えようによっては、不思議なことではないかもしれません。予め決まっているとなると、よけい不安なので、よりまじめに働くということも考えられます。あるいは、自分だけは神に選ばれていると考えて、よりいっそう信心し、よりいっそうまじめに働いた人もいるでしょう。

宗教改革が起きたことで神と直接、密接につながることができるようになった上に、ベルーフや予定説などによって、禁欲的にまじめに働く人が増えていった。これが資本主義の勃興へとつながったのです。

アメリカ建国の父の名言から読み取れるもの

アメリカの百ドル札の顔になっている人物、ベンジャミン・フランクリンをご存じでしょうか。

フランクリンはアメリカ独立戦争（一七七五〜一七八三年）で活躍し、政治家、外交官、さらには物理学者などとしても著名です。雷の正体が電気であることを発見したり、ストーブを改良したり、アメリカ初の図書館を設立したり、消防団を組織したり……と、八面六臂《はちめんろっぴ》の活躍をした人物です。

アメリカはプロテスタントの国として始まっています。独立宣言の起草者の一人になっているフランクリンもプロテスタントです。プロテスタントはまじめに禁欲的に勤勉・勤労することをよしとしますが、フランクリンはその模範たる人物でもあります。

彼の自伝である『フランクリン自伝』（フランクリン著、松本慎一・西川正身 訳、岩波文庫）などを読むと、フランクリンは日常の当たり前のことをきちんと行ない、それを習慣化することで成功への道を歩んだことがよくわかります。

『フランクリン自伝』の「富に至る道」という付録には、ストーリー仕立てで〝諺〟がたくさん出てきます。たとえば……

早寝早起き、健康のもと、財産を殖やし、知恵を増す
骨折りなきところに利得なし
勤勉は幸運の母
今日の一日は明日の二日に値《あたい》す
小さな一撃でも、たび重なれば、大木をも倒す
一分という時間さえ容易に得られぬ以上、一時間もの時間をむだに使うな

……など、たくさんの名言が載っています。

勤勉を絵に描いたようなフランクリンは、アメリカの資本主義を育てた人物でもあります。

アメリカがカトリックの国として始まっていたら、その後の発展はもしかしたらなかったかも……と思わないでもありません。

モノクロのプロテスタント、カラーのカトリック

『バベットの晩餐会』という映画（原作は同名の小説）があります。舞台は十九世紀後半のデンマークの村で、村人たちは質素に暮らしています。楽しみがあってはいけない、おいしいものを食べてはいけない、といったふうに。まさに彼らはプロテスタントです。

そこにカトリックの国、フランスから一人の女性が老姉妹のもとにやってきます。名前はバベット。かつてパリの一流レストランで腕をふるった料理人です。彼女は老姉妹や村人たちとは違った価値観を持っています。老姉妹はプロテスタントの体現者、バベットはカトリックの象徴なのでしょう。

牧師の生誕百周年のお祝いにバベットが晩餐会を開きます。この晩餐会のためにバベットは豪勢な食事やワインを村人たちに提供します。どれも彼らが見たこともないものばかり。「料理の話題は慎もう」と、事前に決めて臨んだ老姉妹ら村人たちは、美食に触れるうちに心が満たされ、いきいきとしていきます。

映画では、プロテスタントの土地での暮らしぶりを描いているところはモノクロになるのですが、カトリックの要素が強くなるとカラーになります。あまりにもまじめで禁欲的なプロテスタントが描かれるときは色を失い、カトリックが描かれるときは鮮やかに色づくので

す。この描写の対比はプロテスタントとカトリックの違いを象徴していて、興味深いところです。

確かに、イタリア、スペイン、フランスなどのカトリック教徒の多い国は恋愛や美食を楽しみ、人生を楽天的に謳歌している印象があります。スペインの商店などでは、午後早めに三時間ほど店を閉めて、ゆっくり休むシエスタの習慣もあります。

一方、ドイツやイギリス、北欧諸国などのプロテスタントが多い国には堅実なイメージがあります。

どちらがよいかという問題ではなく、それぞれに異なる特徴を持っているということです。

宗教改革が起こり、人々は禁欲的にまじめに生きることを美徳にするようになりました。聖書に書いてあることを厚く信仰し、神の意志に添うように生きる。浪費などせずに、堅実に過ごす。繰り返せば、その姿勢が資本主義を興し、育てていく原動力になったのです。

宗教改革のおかげで日本の近代化は成功した!?

宗教改革は昔、遠い国で起きたこと、日本には関係ない。そう思っている人がほとんどではないでしょうか。

しかし、決してそんなことはありません。実は日本にも意外な影響を与えているのです。

宗教改革が起きたことで、反宗教改革（対抗宗教改革）が起こりました。反宗教改革というのはカトリック教会側の改革のことです。ルターやカルヴァンなどの改革派に押されてばかりでは、カトリック教会の影響力は衰えるばかりです。そこで、カトリック教会も改革に取り組み、巻き返しを図ろうとしました。

日本にもやってきたフランシスコ・ザビエル率いるイエズス会は、そうした反宗教改革の一環として結成された修道会です。彼らは、ヨーロッパで衰えたカトリック教会の勢力を挽回すべく、世界各地にキリスト教を伝える旅に出たのです。

となると、結果として宗教改革がイエズス会を日本へと向かわせ、日本にキリスト教が伝わったともいえます。そして、宗教改革が起きなければ、キリシタン大名は生まれず、悲惨な島原の乱（一六三七〜一六三八年）をはじめとするキリスト教がらみの事件も起こらなかったかもしれません。

さらに、もっと今日的な意味もあります。それは近代日本に与えた影響です。明治時代になると、日本社会は急速に変化していきます。列強諸国に対抗するために、急いで変わっていかなければならない状況でもありました。

実際に日本は、短期間で近代国家へと生まれ変わっていきました。憲法をはじめとする近代法の制定、近代資本主義や議会制民主主義の導入を明治になって速やかに行ないました。これは見事と言うほかありません。

もちろん、こうした偉業ができた背景には、それまでの日本の蓄積も大きかったでしょう。儒教の教えや、町人を中心に庶民の生活倫理を説いた石田梅岩の心学などが全国に普及していて、まじめで倹約を志向する精神性が日本人の中に根づいていました。これらの特徴はプロテスタンティズムの精神と通じるものです。日本人の多くは昔も今もプロテスタントではありませんが、昔からプロテスタンティズムに似た精神性を有していたのでしょう。

近代的な資本主義や法律を一からつくり出すことは至難です。近代資本主義や近代法がヨーロッパ社会に芽生え、すでに形成されていたからこそ、明治の日本はそれらを比較的容易に導入することができたのです。

NOルター、NO民主主義

ルターが「九十五ヵ条の論題」を発表しなかったら、カトリック教会が力を持つ時代がずっと続いて、ヨーロッパの歴史はずいぶん違ったものになっていたかもしれません。宗教改革が起きたことで資本主義が育っていきましたが、近代民主主義も、個として神と向き合うことを気づかせてくれた宗教改革がなければ、起こりえなかったかもしれません。そうなると、資本主義も民主主義も、またずいぶんと違った形で進んでいたことでしょう。

となると、およそ五百年前にヨーロッパで起きた宗教改革は今の日本に関係ないどころか、大いに影響を受けていると考えることができます。資本主義国で民主主義国である今の日本で生きる私もあなたも、ルターやカルヴァンの影響を受けて生きているといえるのです。

世界的に見ても、いわば「NOルター、NO民主主義」かもしれないし、「ノーカルヴァン、ノー資本主義」かもしれない。ルターがいなければ、民主主義は育まれず、カルヴァンがいなければ、資本主義はここまで発展しなかったかもしれない。宗教改革の影響計り知れず、の観があります。

キリスト教全体への影響はどうでしょうか。プロテスタントができたことで、キリスト教は新たな時代に入り、さらなる勢いを持つことになったといえるでしょう。カトリック教会に疑問を持つ多くの人々をプロテスタントは取り込み、さらに発展していきました。

プロテスタントのまじめで勤勉な特徴も、キリスト教やその国の勢力を広めるのに大きく影響しました。教会に頼らず、個として強くなった彼らが勢いを持つのは自明のことだったでしょう。ドイツやイギリスなどが勢力を増していったのも、プロテスタントの特性と関係があるのです。

ニーチェはなぜキリスト教を批判したのか

宗教改革からは少しずれますが、キリスト教を批判したことでも知られるフリードリヒ・

ニーチェの思想についても、ここで少し触れておきましょう。

ニーチェは一八四四年生まれのドイツの思想家です。父親はルター派の裕福な牧師でした。

ニーチェは著書『ツァラトゥストラはかく語りき』で、キリスト教の価値観を批判しています。

アダムとイブが罪を犯し、その罪はアダムとイブの子孫である私たちも等しく引き受けている。そうとらえるキリスト教は「人間は罪人である」ことを認めることから始まっています。イエスはこの原罪をたった一人で、全人類に代わって贖罪してくれた。それゆえにありがたい。だからこそ「救い主」であると、キリスト教では考えます。

ただ、全人類の罪を背負ってくれたとはいえ、その罪をあがなうには、キリスト教を信仰し、聖書の言葉に従って暮らさないといけません。

これは考えようによっては、少し不公平です。神はすべてを備えていて、完璧ですばらしい存在だけど、人間は罪深く、大した存在ではないところから始まっているのですから。

神はすばらしい。人間は罪深い。これは人間を否定的にとらえ、貶《おと》める考え方ともいえるけれど、口に出してはなかなか言えない。そんな中、「神はすばらしく、人間は罪深いとする教えはおかしい」と、ニーチェは明言したのです。

そして「神は死んだ」とも断言しました。キリスト教圏においては信じがたい発言です。不滅の存在であるはずの神が死んだというのですから。

これらはキリスト教社会の中では禁句でした。いわばタブーです。ところが、ニーチェはその禁を破りました。私たち自身の肉体は大地とつながっている。肉体は大きな理性である。肉体を持つ私たちは卑しくなどない。むしろ、地上に生きる、私たち生身の人間こそがすばらしい。生をもっと祝福しようではないか。ニーチェはそのように発したのです。

さらにニーチェは「超人になれ」と言います。ニーチェの言う「超人」とは、積極的で肯定的な強い精神力を持ち、あらゆる状況を勇気をもって乗り越えていくような人間のことです。人任せにせず、神任せにもせず、個として強く生き、私たち自身が価値観をつくり出してよいのだと、ニーチェは言います。

神に縛られるな、神のくびきから解き放たれよ、というメッセージを発信します。これも思いきったメッセージです。

カトリック教会に反旗を翻し、宗教改革を推進したルターも、個として神と向き合うことを勧めました。それが強い個人を育むことにもつながっていきました。とはいえ、ルターは「聖書」という確かなより所を持っていました。当然、神の存在を認め、キリスト教が本来の姿に戻ることを求めていました。

ところがニーチェは、自分以外のものに安易に頼らず、自分自身が拠点になれ、と言います。そして、つらく厳しいときでも、自分自身の意志で選び取れ、とも言います。神ではなく、「それぞれが自分で」と。そして、今、この世の人生をもっと謳歌しようじゃないか、と。

こうした主張そのものが、キリスト教批判になっているのです。

ツァラトゥストラ＝ゾロアスターに込めたニーチェの思い

ニーチェはそうした自分の思想を「ツァラトゥストラ」に語らせました。ツァラトゥストラというのは「ゾロアスター」と同じ意味で、ゾロアスターはゾロアスター教の創始者として知られています。ツァラトゥストラはゾロアスターのドイツ語読みなのです。

ゾロアスター＝ツァラトゥストラはペルシャ生まれで、紀元前六世紀ごろの人とも、紀元前十一世紀ごろの人ともいわれています。

ゾロアスター教には、光明神（光の神）のアフラ・マズダと暗黒神（闇の神）のアーリマン（アンラ・マンユ）の善悪二つの神がいて、これらの神が戦います。最終的にはアフラ・マズダが勝利し、善悪両方を含んだような神になります。神の概念はゾロアスター教から生まれたともいわれ、あとに続くユダヤ教やキリスト教との関係を考えると、とても興味深いです。ゾロアスター教徒は現在、インド、イラン、パキスタンなどに十数万人ほどいるといわれます。

ニーチェはどうしてツァラトゥストラに語らせる形をとったのでしょうか。一つには、キリスト教よりもずっと古い歴史を持つゾロアスター教をもってくることで、キリスト教の枠の外に出ることを試みたように思います。

また、ゾロアスター教は「拝火教」ともいわれるように、火を尊び、火を拝みます。炎はメラメラと燃えますね。それはあたかも人が人生を謳歌する姿に見えます。大地と身体が結びついて、それが炎になって燃え上がる。風に吹かれている状態のようになびき、その姿は自由でもある。私たち人間は燃え上がるように自由に人生を謳歌しうる存在なのだと、ニーチェは考えたのでしょう。そのために、火を崇拝する宗教であるゾロアスター教の創始者、ゾロアスター＝ツァラトゥストラを持ってきて、彼に語らせたのではないでしょうか。

思うに、ツァラトゥストラはディオニュソスでもよかったのでしょう。ディオニュソスはギリシャ神話の中に出てくる葡萄酒《ぶどうしゅ》の神様で、陶酔し、激情したりします。ローマ神話では「バッカス」と呼ばれています。ディオニュソスをニーチェは気に入っていたし、評価もしていました。

ニーチェは〝新しい聖書〟を書こうともしました。人間の生命を肯定する神をつくろうとしたのです。そして、自分が神を信じるなら、〝踊る神〟だけを信じるだろうとも言っています。「踊る」ということは、生命を祝うということです。

こうして考えると、ニーチェはキリスト教を批判することで、人間が生きることを丸ごと肯定するメッセージを発していたといえそうです。

十六世紀の宗教改革を経て、原点に立ち返り、生まれ変わったキリスト教ではありましたが、十九世紀後半になると、ニーチェのような思想家がキリスト教圏から出てきました。これもキリスト教の、あるいは西洋文化の懐《ふところ》の深さかもしれません。

第4章

イスラームの価値を守る人々

世界で増え続けるムスリム

今、日本で、そして世界で最も注目されている宗教はイスラームだと思います。それは世界各地でテロが起こると、イスラームの過激派が関与しているといった報道がなされることが大きな理由の一つです。なお、第1章で書いたように、本書では「イスラム教」ではなく、「イスラーム」と表記しています。「イスラーム」に「教え」の意味も含まれていることなどが、その理由でした。

さて、そのイスラームを信仰する人々であるムスリムは今、世界でどんどん増えています。ユダヤ教はほぼユダヤ民族が信仰する宗教なので、それほど増えていないし、キリスト教徒も仏教徒もヒンドゥー教徒も、ムスリムほどは増えていません。

ムスリムが増えているのは、赤道周辺などの人口爆発地域にイスラームの国が多いことが大きく影響しています。

歴史的に見ると、イスラームの初期は軍事的な征服によって教徒を増やしていきました。「コーランか剣か」という言葉もあります。「イスラームに改宗するか、死ぬか」「イスラームの信仰か戦争か」といった意味で、イスラームが勢力を拡大する際の特徴とされますが、必ずしも適切な表現ではありません。

『イスラームとは何か　その宗教・社会・文化』（小杉泰著、講談社現代新書）には次の一節があります。

征服はその地域のイスラーム化のきっかけにはなるが、征服でイスラームを広げることはできない。西洋では長らく「イスラームは剣によって広がった」との説が支配的であったが、これはイスラームの征服によって当時のキリスト教地域の多くが失われた無念さを逆に表現しているにすぎない。

宗教は人の内面に大きく関わります。暴力によって征服されても、心まで容易に変えることはできません。イスラームに人の心をとらえる魅力がなければ、征服されたとしても、その地にイスラームが根づくことは考えにくいです。

今も世界で増え続けているムスリム。一方、日本はグローバル化の渦の中に取り込まれています。企業に勤めるビジネスパーソンも、赴任地にはイスラーム国家もあるでしょうし、国内でもムスリムに接する機会は多くなっていくでしょう。私たちがイスラームについて理解を深めることは、今後ますます重要になってくるはずです。

以前、私がフィジーに行ったときのことです。ホテルの従業員と仲良くなって、その人の家に招かれたことがあります。フィジーはキリスト教徒が多いのですが、その人はムスリムでした。食事をいただいていると、「左手は使わないで右手だけで食べるように」と指導されました。そして食後、彼は「今から礼拝をしますので、ちょっと席を外します」と言って、しばらく私の前から姿を消しました。

日本だと、客人を前に自分のことを優先して行なうことはあまりないと思いますが、ムスリムにとって、神を拝むことは極めて重要な行為です。なにしろ神、アッラーは絶対の存在。アッラーに勝るものはありません。異文化に接する際には「郷に入れば郷に従え」の思考と態度をとることも大切でしょう。

結婚からビジネス、罪と罰まで規定する神の声

イスラームは六一〇年ごろにアラビア半島で始まりました。メッカ（マッカ）に生まれた商人のムハンマドが開祖です。

ある日、ムハンマドが瞑想をしていると、天使が何か文字の書かれた布を持って、目の前に現われます。「誦《よ》め！」。天使はその布を見せて、ムハンマドに命じます。「誦めません」と応じるムハンマド。「誦め！　誦め！」と命じ続ける天使。やがてムハンマドは天使に託された神の声を読んだといいます。

『コーラン』はこうしてムハンマドが神から授けられた言葉を書き留め、まとめられたもの

です。そこには「解釈」は入っていません。『コーラン』はムスリムにとって、神、つまりアッラーそのものの言葉です。近年は、言語の発音に近い『クルアーン』という呼び方も増えてきています。クルアーンとは「詠唱すべきもの」という意味です。

諸宗教の聖典は、物語性を帯びたものと帯びていないものとに分けることもできます。『旧約聖書』と『新約聖書』は物語性を帯びています。聖典ではありませんが、日本の『古事記』やギリシャ神話にも多くの物語が書かれています。

『旧約聖書』は壮大な物語でもあります。「創世記」「出エジプト記」などの五書、「ヨシュア記」「士師記《しし》」などの歴史書、「ヨブ記」「コヘレトの言葉」などの知恵文学、「イザヤ書」「ダニエル書」などの預言書の全三十九巻からなっています。

たとえば「創世記」には、天地創造の様子、アダムとイブ、ノアの箱舟、バベルの塔の話などが書かれていますし、「出エジプト記」はモーセ率いるイスラエルの民がエジプトを脱出する話です。

『新約聖書』は「マタイによる福音書」「ルカによる福音書」などの福音書、「使徒言行録」（歴史書）、「ローマの信徒への手紙」「コリントの信徒への手紙」などの書簡、「ヨハネの黙示録」（黙示録）の全二十七巻からなっています。

『新約聖書』の中には、マリアが処女のままイエスを身ごもる話（この処女懐胎という不思議な話のもとは、原点から訳す際の誤訳に起因するという説があります）、甕《かめ》に入っている水をイエスが葡萄酒《ぶどうしゅ》に変えた話など、奇跡的な話がたくさん出てきます。
『古事記』にも、イザナキとイザナミという男女の神が日本の国土を生みなしたことや、さまざまな神々のエピソードなどが綴られています。ギリシャ神話にもやはり、多くの物語があります。

人にとって、物語はおもしろいものです。喜びがあるし、痛みもあるし、おかしみもある。つまり、人は物語に接すると、心が揺さぶられます。
『旧約聖書』にしても『新約聖書』にしても、あるいは『古事記』でもギリシャ神話でも、その物語に接すると、何かしらの感動があります。へー、そうなんだ、という発見もあります。それは現代の私たちが読んでも得られる感動です。

ところが『コーラン』には、こうした物語はありません。百十四の章から構成された『コーラン』には、戒律のような言葉が綴られています。

こうしなさい、こうしなさい、こうしなさい……。神が次々に命令を発します。毎日の行動について、商取引について、結婚について、離婚について、盗みや殺人の罰についてなど、細々《こまごま》したことについても「こうしなさい」と神が命令するのです。そこには、物語を読むようなおもしろさは基本的にありません。

物語性は、『旧約聖書』や『新約聖書』にはあるが、『コーラン』にはない。第三者的立場で見ると、その点、『コーラン』は面白味に欠けるかもしれませんが、もちろんムスリムにとって、そうしたことはいっさい関係ありません。ムハンマドが預かってくれた神の声を聞けることがありがたいことなのです。

大勢で声に出して読みたい『コーラン』

物語性のない『コーラン』ではありますが、声に出して読んでみると、そのリズミカルな文章に驚かされるといわれています。ムハンマドは文字を読めなかったとも、文章が得意ではなかったともいわれますが、突然、文才が降りてきたかのように、朗誦《ろうしょう》したのです。そうした言葉を周りの人たちが記憶したり書き留めたりしてまとめられ、『コーラン』が形作られていきました。

朗誦、つまり声高に読み上げると、その言葉が自分の中に入ってきて、言葉が体中に刻み込まれるような感覚を覚えることがあります。たとえば、和歌を朗誦すると、歌が体に入り込んでくるような感じがします。

『コーラン』の場合は、大勢で朗誦することもあります。みんなで大きな声で読誦《どくしょう》すると、それは音楽のようでもあり、合唱のようでもあり、気分はがぜん盛り上がるでしょう。『コーラン』の一言一句が体に染み渡り、厳《おごそ》かな心持ちも高まるのではないでしょうか。自分は偉大なる教え、イスラームの一部である。そうした感慨に浸れるわけです。

このような体験をムスリムは幼少のころからしているのです。リズミカルに体をゆすりながら読誦し、暗誦する。イスラームとの一体感は日本人の想像をはるかに超えるものかもしれません。

また『コーラン』はアラビア語で書かれています。ほかの言語に訳されている『コーラン』もありますが、イスラームではアラビア語で書かれた『コーラン』でなければ聖典と認めていません。

世界にはいろいろな言語がありますね。英語、フランス語、ポルトガル語、スワヒリ語、タガログ語、北京語、日本語……実にさまざまな言語があります。そして『コーラン』はアラビア語で書かれています。これはアッラーがアラビア語を選んだということです。別の言い方をするなら、アラブの人たちはアッラーに選ばれたのです。この点からは、イスラームにはユダヤ民族やユダヤ教に通じる選民思想も感じられます。

神はアラブ人を選ばれた。アッラーは自分たちを選んでくださった。その誇りや自尊心をもって『コーラン』を読み上げる。そうすると、ムスリムとしての誇りや自尊心はいっそう高まっていくように思われます。

ただし、イスラームはユダヤ教のように民族にこだわりません。アッラーの前ではみんな平等ですから、アッラーを信じる人には等しく門を開いています。さらにイスラームを広めることは、ムスリムの使命の一つです。

イスラームへの参加資格はすべての人にあって、しかもイスラームを広めることが重要視される。これらのことが、イスラームが世界に広がっていく大きな原動力になったでしょう。

ムハンマドとイエスの格の違い

ムハンマドは預言者です。予言者ではなく、預言者。つまり、神の言葉を預かって人々に伝える者です。

預言者はムハンマドだけではありません。モーセも預言者ですし、「ノアの箱舟」のノアも預言者とされています。イスラームでは、イエスも預言者の一人と考えています。

では、ムハンマドはどんな預言者かというと、「最後にして最大の預言者」です。つまり最高の預言者。格が違うのです。イスラームではそのように考えています。

イスラームでは、イエスは預言者の一人と考えられていますが、当のキリスト教では、イエスは「神の子」です。預言者であれば人間ですが、神の子は人間ではありません。

イエスの死後、キリスト教の初期には、イエスとはいったい何なのかという議論がありました。端的にいうと、イエスは人間なのか神なのか、という議論です。

結局、神とイエスと聖霊の三つは同質であるという「三《さん》位《み》一体《いったい》説《せつ》」が正統なものとして採用されました。父なる神、その子たるイエス、そして聖霊。これらは同質だというのです。

ムハンマドはキリスト教のこのあり方を厳しく批判したようです。イエスは神ではない、人間ではないか、預言者の一人ではないか、ということです。

セム的一神教の考えからすると、神は宇宙を創造するほどの存在です。それがたとえ偉大な人間だとしても、どう見ても人間に見える（見えた）イエスを神と同質とするのは納得がいかないでしょう。キリスト教では議論の末、イエスは神と同質になったけれど、それはやはりおかしいとイスラームでは考えるのです。

「最大の」とか「最高の」などと形容されても、預言者であるムハンマドは人間です。神ではありません。

ムハンマド自身も、自分が神格化されることを恐れていたようです。自分は普通の人間であると言い続けたといいます。

この点、ブッダも同様で、ブッダも自分が神聖視されることをとても恐れました。ただブッダは、神の声を預かったのではなく、厳しい修行ののちに悟りの境地に到達しました。そこはムハンマドと大きく異なる点です。

開祖であるムハンマドですら「一人の人間」なのだから、イスラームでは個人崇拝はありません。人間は崇拝の対象にならないのです。

イエスラームで預言者の一人とされるイエスは、いろいろな奇跡を起こしたことが『新約聖書』に記されています。先ほど書いた甕に入っている水をイエスが葡萄酒に変えた話のほかにも、亡くなった人を生き返らせたり、湖の上を歩いたりします。まるで神のようなことも、イエスはしています。

ところが、ムハンマドはそういう神がかったことはしていません。神の啓示を受けたときには、頭がおかしくなったんじゃないかと、妻に相談しているくらいです。そういう意味では、まったく普通の人です。

ムハンマドは神ではなく、普通の人間である。そのことをムハンマド自身も強調し、イスラームでも、そのようになっているのです。

イスラームでは、神はアッラーのみです。議論の末、三位一体説というアイディアを生み出したキリスト教に比べると、イスラームのほうが筋がすっきり通っている印象を受けます。

ところで、特定の人間を崇拝するといえば、社会主義、共産主義では、個人崇拝がなされました。すでに書いたように、ソ連のスターリン、中国の毛沢東、北朝鮮の金日成などはまさに崇拝の対象でした。一時期、それぞれの国民は彼らをまるで神のように崇《あが》めたのです。金日成は今も北朝鮮において神のような存在でしょう。

神を否定し、人間の平等を唱えた社会主義や共産主義で独裁者が崇拝される。こうした〝ねじれ現象〟が起きているのも、宗教と人間の関わりを考える上で非常に興味深いことです。

皇帝も大富豪も神の奴隷

絶対の存在である神の前では、自分たちは皆、同じ僕《しもべ》である、というのがイスラームの考えです。もっといえば、神の奴隷である、ということです。

『イスラーム生誕』（井筒俊彦著、中公文庫）を見てみましょう。

この新しい宗教は、神と人との宗教的関係を、主人―奴隷関係という形で根本的に規定した。すなわち、ムハンマドの興したこの新宗教に入信して「ムスリム」となる人は、独立不依の存在としての人間であることをやめて、神を「主《ラッブ》」(rabb) とし、これに仕える「奴隷《アブド》」(ʻabd) となって新しい人生を生き始めることを要求されたのである。神―人の関係が、ここに主人―奴隷の関係として確立された。アラブ精神史上に起った一つの革命的出来事である。

「アブド」(ʻabd) という言葉を日本語に移すとき、「奴隷」という語のもつあまりに強烈な生々しい印象を緩和したいという気持ちに押されて、われわれは普通「僕《しもべ》」という語を使う。しかし本当は「アブド」という語は文字通り奴隷を意味するものであり、また実際そう訳してこそ、特にイスラームがアラビアの宗教運動として興った最初期における神―人間関係のなまの感覚を伝えることができるのだということを、ここに一言注意しておきたい。

アッラーと人間との関係は主人と奴隷の関係と見ることこそ適切であると、世界的なイスラーム学者の井筒俊彦氏は見ています。「僕」では弱いということです。

そしてイスラームでは、広大な領地を支配する皇帝や王であっても、巨万の富を持つ大富豪であっても、主人たりえないとします。つまり、地上に住むいかなる者も〝主《しゅ》〟に値しないのです。人は、いかなる人であっても、神たりえない。人は人にすぎない、という考えです。

人は人を奴隷として扱ってきた歴史があります。

たとえば、古代ギリシャのアテネでは民主政が行なわれましたが、奴隷に人権はなく、彼らは「しゃべる家畜」とさえいわれました。古代ローマでは、紀元前七三年にスパルタクス率いる大規模な奴隷の反乱が起きています。イギリスから独立したアメリカにも奴隷は存在し、奴隷解放宣言が出されたのは一八六三年のことです。そのほか、古今東西、世界のあちこちで人は人を奴隷にして、酷使してきた歴史があります。

しかしイスラームは、人は誰しも神の前では平等であるとし、ただ一つ、神、アッラーの奴隷であるとしたのです。

皆、等しく神の奴隷で、神と人は直接つながります。そして、人々は喜んで奴隷であろうとします。アッラーとムスリムとの間には何者も存在しないのが原則ですから、聖職者は存在しません。この点、キリスト教とは異なります。

ムスリムとはイスラームの教徒のことですが、もう少し正確にいえば、「帰依する者」のことです。「誰に」といえば「神に」です。自分を完全に神に任せてしまった人のことをムスリムというのです。

日本でも「神様の言うとおり」などと言ったりしますが、重みの次元はまるで違います。身をすべて神にゆだねる。「独立不依の存在としての人間であることをやめて」まで、アッラーに自分をゆだねる。これはやはり神の奴隷というべき存在なのでしょう。

なぜムスリムは一日五回メッカに向けて礼拝するのか？

先述したように、イスラームでは行動の細かなことまでも「こうしなさい」「ああしなさい」と定めています。

基本的なこととしては「六信五行《ろくしんごぎょう》」と呼ばれる義務があります。

六信は神・天使・啓典・預言者・来世・天命の六つを信じなければいけないことで、啓典は『コーラン』を指します。

五行は信仰告白・礼拝・断食・喜捨・巡礼の五つを行ないなさい、ということです。

「アッラーのほかに神なし。ムハンマドはアッラーの使徒なり」

この言葉を声に出して唱えることが信仰告白です。

礼拝は一日に五回、メッカ（サウジアラビア）のカーバ神殿に向けて行ないます。メッカはムハンマドの生まれた地で、イスラーム第一の聖地です。第二の聖地はメディナ（サウジアラビア）、第三の聖地はエルサレムです。

カーバ神殿には、イスラームが興る前から多くの神像が祀られていました。カーバ神殿はアラビア半島で多神教を信仰する人々の中心地だったようです。

それが大きく変わったのは、六三〇年、ムハンマドがメッカを占領してから。カーバ神殿の神像や偶像を、ムハンマドたちがことごとく破壊したのです。それ以来、カーバ神殿には何も祀られていません。イスラームは偶像崇拝を禁止しているからです。個人（人間）を崇拝することも、偶像を崇拝することも、イスラームでは厳しく禁じられているのです。

禁止事項はほかにもあって、たとえば豚肉を食べることや酒を飲むことなどが禁じられています。

イスラームの生活規定は実に多岐にわたります。結婚、離婚、遺産相続、売買契約、賃貸契約、犯罪の罰則、さらには裁判についてまでも、イスラームでは規定されています。

そうして見ると、イスラームは法体系でもあることがわかります。日本でいえば、民法や商法、刑法などの法律的なことも含まれています。結婚や離婚の規定などは民法ですし、売買契約などは商法、犯罪の罰則などは刑法に相当します。

イスラームは宗教です。ただ、それに加えて教徒の行動様式でもあるし、イスラーム社会全体の法体系でもあります。「信仰＋行動様式＋法体系＝イスラーム」と考えると、理解しやすいのではないでしょうか。

そうしたイスラームを信仰するムスリムたちの日常はどのようなものでしょうか。わかりやすくいえば、毎日一つ一つ、ハンコを押すような感じで、粛々《しゅくしゅく》と物事が進んでいくイメージでしょうか。

「よし、できた。ポン」「よし、できた。ポン」「よし、できた。ポン」。ハンコを押すのはアッラーかその人の心の内か、あるいはほかの誰かなのかはわかりませんが、決められた戒律を守る形で日々が進んでいきます。戒律を守るのは、信者として、当然の務めです。できて当たり前、守って当たり前です。

今日は二つ守れなかったな。まぁ、仕方ないか。明日はもうちょっとちゃんとやろう、などということが許される世界ではありませんし、そもそもムスリムにそうした発想はありません。戒律は一〇〇パーセント守るのが当然という意識なのです。

また、イスラームを心の中で信仰するのはもちろん重要ですが、それだけではムスリムとはいえません。教えのすべてを信仰し、行動を伴ってこそムスリムです。

となると、主に江戸時代に見られた「隠れキリシタン」のような存在は、イスラームでは不可能かもしれません。お酒を飲んではいけないし、豚肉を食べてもいけないし、商売の仕方も定められているのです。こっそりムスリムでいることなどできないでしょう。

私がお世話になったフィジーのムスリムも、「今から礼拝をするので、席を外します」と言って、しばらくいなくなりました。やはり「隠れムスリム」でいることは難しそうです。

イスラームの方程式は常に「宗教＞国家」

イスラームは社会のあらゆる事柄を規定しています。ですから、ムスリムの生活のすべてはイスラームにのっとって行なわれます。

ムスリムとしてのアイデンティティも、非常に強力です。「私は○△の夫である」「私は□×市の市民である」「私は△□社の社員である」……。どれもその人のアイデンティティになりそうですが、ムスリムにおいては、ムスリムであることが最大のアイデンティティです。

もしムスリムであることを否定されたら……。それはその人の全否定につながります。さらには、その集団を全否定することにもなります。

私たちは日本人であることが、かなり大きなアイデンティティになっています。日本人であることをやめろとか、日本語を話すことも書くことも許さないなどと言われたら、ほとんどの人が困惑したり、反発したり、抵抗したりするでしょう。多くの日本人にとって、日本人であることを捨てるのはそれほど難しく、厳しいことです。

それは、たとえば日本人の仏教徒が仏教徒であることをやめろと言われたり、お寺に行くのを禁じられたりするよりも、きついことのように思います。多くの日本人にとって、日本人であることは、仏教徒であったり、キリスト教徒であったりすることよりも大きなアイデンティティであるということです。なかには「仏教から改宗しなければならないなら、日本の国籍を捨てる」という人もいるかもしれませんが、限られたごく少数ではないでしょうか。

つまり、信徒としての意識が非常に強い一部の人たちを除けば、日本では一般的に「国籍＞宗教」であるといえます。日本人であることのほうが何らかの宗教の教徒であることよりも重いのです。

ところが、ムスリムは違います。ムスリムは「宗教＞国籍」、あるいは「宗教＞国家」です。国家よりも、その国の国民であることよりも、宗教つまりイスラームのほうが重いのです。

なにしろムスリムは神の奴隷です。神、アッラーは絶対の存在です。アッラーに勝るものはないのです。となると、国といえども、アッラーにはかなわないことになります。

だから、ムスリムは国を越えて連帯します。アッラーを信仰する者同士の強力な思いが国を越えて結びつくのです。

ムスリムにとってのイスラームは、日本人にとっての仏教より、はるかに重く大きな存在であるといえるでしょう。

めざすは美酒と美食でいっぱいの天国

イスラームは信仰であり、法律であり、行動を規定するものでもあるから、ムスリムにとって、これは巨大な存在です。日本人が元日に神社に詣でたり、お盆に先祖のお墓にお参りしたりするのとは次元が違います。日曜日には教会に足を運んで、神に祈りを捧げているキリスト教徒よりも、おそらくずっと強い思いと縛りが、ムスリムには働いているように思います。

そうなると、これは非常に強いアイデンティティになります。ムスリムであることで、アイデンティティが完璧に確定するという強さと良さがあります。自分はいったい何者なのか、どうやって生きていけばいいのか、何のために生きているのか……といった迷いや悩みがなくなるわけです。

ムスリムであることは、アッラーに従うこと。『コーラン』に従うこと。そして、人生の目的はアッラーから授かった戒律を守って生き、それによって、天国への切符をもらうこと。そうした大いなる軸があるため、生き方がぶれません。

イスラームでいう天国は「緑園《りょくえん》（緑の園《その》）」と呼ばれます。そこは天国だけあって、実に楽しそうです。どんなところか、再び『イスラーム生誕』（井筒俊彦著、中公文庫）を見てみましょう。以下は『コーラン』に書かれている箇所です。

神を怖れる人々は平安無事な場所に行く。
あたりは一面の緑の園、見はるかす葡萄畑。
胸のふくれた乙女たち、年齢《とし》ごろも丁度よくつり合って。
手にする盃は酒なみなみと溢れんばかり。

（第七八章三一―三四節）

人々はそこで臥牀《ねだい》に身をのばす。
そこではもう灼けつく太陽も
氷る寒気も襲って来ない。
緑濃き木蔭は低く頭上を蔽い
房々と果実は垂れて。
一座にまわる白銀《しろがね》の水差しとたけ高の盃、
見ればみな、これは見事な玻璃《はり》づくり、
ぴったりと量ってつくった銀の玻璃。
生薑《しょうが》をほどよく混《ま》ぜた盃がまわり、

サルサビールと呼ぶ天上の泉の水を飲む。
お酌してまわるお小姓たちは永遠の若人、
一面にまき散らされた真珠かとまごうばかり。
（第七六章一三－一九節）

また、『イスラム教入門』（中村廣治郎著、岩波新書）には次のような記述があります。

人間はすべて墓からあばき出され、生前の姿に戻される。これが復活である。こののち、人間は一人残らず神の前に引き出され、審判を受ける。各人の生前の信仰や行為が記された「帳簿」が目の前で開けられ、計量される。その結果、信仰者で行ない正しい人は天国に、不信仰者と罪人は地獄におとされるが、信仰者であればやがて浄められて天国に入る。

天国では何の気遣いもなく、こんこんと湧き出る泉、緑したたる樹蔭で美味しい果物を食べ、美しい乙女を妻として与えられ、主の御顔を拝し、永遠の至福の生活を送る。

他方、信仰なき者は地獄で罰の責苦を受ける。

緑園はなかなかよいところのようです。特に砂漠に住む人たちにとってはまさに天国でしょう。おいしい果物を食べられるし、お酒も飲めるし、美女を妻とすることもできるのですから。

キリスト教は男女平等で、イスラームは男性中心主義？

前項の『コーラン』の内容で少し気になるのは、これは〝男性目線〟ではないかという点です。美しい乙女を妻にもらうという〝特典〟は、男性用です。女性が二次的な存在として書かれている点は、現代の私たちからすると気になるところではあります。

『イスラーム基礎講座』（渥美堅持著、東京堂出版）には、次のような話が書かれています。かなりショッキングな内容です。以下に要約してみました。

イスラーム世界では、原則として、正式な婚約が成立していない男女の交際は認められていません。もしその禁を破ると、その一族全員に淫乱の血が流れていると判断されてしまいます。

ある娘が婚約しました。婚約は本人にとって幸せであるだけでなく、その家族の名誉の面からも、とても喜ばしいことです。

婚約したことを公にした娘は、そのうれしさを隠すことができず、何を見ても、何を聞いても笑い、笑顔が絶えないほどになりました。

彼女は通勤するとき、同じ時間にいつもすれ違う男性がいました。普段は顔を合わせても無表情でしたが、婚約したうれしさから、このときも彼女は笑顔でした。

その姿を近くの子供が見ていて、「あの娘は婚約したのに、ほかの男に微笑みかけた」と、町の人に話したのです。話を聞いた人たちは、娘を「淫乱」と噂するようになり、その話はやがて娘の父親の耳に入ります。

父親はいったいどうしたか。なんと娘を殺したのです。そして、叫びました。「もし娘が淫乱なら、その血はこれで絶えた。わが家系に淫乱の血が流れているとするなら、私の行動がそれを否定した」と。

この父親はその後、どうなったか。（この親子が住む）エジプトの政府もイスラーム法曹界も無罪としたのです。

これに似た事件はほかにもあります。父親の許しもなく、結婚前の娘が男友達と旅行に行きました。父親は娘が帰宅するや否や殺したのです。父親は無罪になっただけでなく、称賛を受けたと報道されました。

私たち日本人には、なんとも理解しがたい行動です。それに対する周りの人のとらえ方や法の判断もまた理解しがたい。

ただキリスト教にも、男性中心的な考えはあります。『新約聖書』には次の記述もあります。

女は男の栄光を映す者です。というのは、男が女から出て来たのではなく、女が男から出て来たのだし、男が女のために造られたのではなく、女が男のために造られたのだからです。

……「コリントの信徒への手紙」の一節です。

婦人は、静かに、全く従順に学ぶべきです。婦人が教えたり、男の上に立ったりするのを、わたしは許しません。むしろ、静かにしているべきです。なぜならば、アダムが最初に造られ、それからエバが造られたからです。……「テモテへの手紙」から引用しました。

「キリスト教は男女平等」というイメージを持っている人もいるかもしれませんが、『新約聖書』にも右のような記述があるのです。このあたりは『コーラン』の男性中心的な考えに相通じるものを感じます。

とはいえ、現在のキリスト教社会で、〝淫《みだ》らな行ない〟をしたことを理由に娘を殺す父親はほとんどいないでしょう。しかも、その父親が称賛されるとは、少なくとも近代国家では考えにくいことです。

キリスト教とイスラーム、それぞれの「最後の審判」

天国では何も気遣うことなく、おいしい果物を食べ、美しい乙女と暮らせる。そして、神の顔を拝んで、至福の生活を永遠に送ることができる。一方、神を信じない者や神の教えに背いた者は、地獄に落ちて、厳しい罰を受けることになる。……この両者を分けるのはイスラームの「最後の審判」です。

キリスト教にも「最後の審判」という考え方はあります。日本人にはキリスト教の最後の審判のほうが知られているでしょう。

キリスト教の最後の審判とは終末、つまりこの世の終わりのときにイエスが再臨し、天国へ行く人間と地獄へ行く人間とに分ける裁きのことです。

時は満ち、神の国は近づいた。悔い改めて福音を信じなさい。……『新約聖書』の「マルコによる福音書」には、このように記されています。

『新約聖書』の「ルカによる福音書」には以下の記載もあります。

ファリサイ派の人々が、神の国はいつ来るのかと尋ねたので、イエスは答えて言われた。「神の国は、見える形では来ない。『ここにある』『あそこにある』と言えるものでもない。実に、神の国はあなたがたの間にあるのだ」……イエスは人の心の内を重視していたことをうかがわせます。

バチカン市国のローマ教皇庁にあるシスティーナ礼拝堂には、ルネサンス期にミケランジェロが描いた壁画「最後の審判」があります。そこには、天国へ昇る善人たちと地獄へ落ちる悪人たちが描かれています。

キリスト教における最後の審判とイスラームにおけるそれとを比べてみると、イスラームのほうがより明白に天国（神の国、緑の園）と地獄とを分けている印象を受けます。キリスト教では、神の国といっているだけで、それがどんなところかは明言していません。問うているのも、人の心の内です。そもそも、ミケランジェロの「最後の審判」は別にして、天国と地獄の違いを明確に表現しているわけでもありません。一方のイスラームでは、天国がどんなところか具体的に描写しています。

こうして見ると、少なくとも最後の審判については、イスラームのほうがよりストレートに人間に問いかけているように思います。

おまえはどうなんだ。アッラーを信仰しているのか。行ないは正しいのか。信仰し、正しく生きてきたのなら、天国へ行けるぞ。しかし、もし信仰していないのなら、地獄に落ちるぞ。たとえ信仰していても、正しい行ないをしてこなかったのなら、やはり地獄に落ちるぞ。

……そんなふうに迫ります。

これは考えようによっては、第1章で書いたように、人間の不安や恐怖心と欲望を思いきりついています。死後の不安、恐怖心、そして欲望をセットにして、「さぁ、おまえはどうなんだ!?」と迫ってきます。このあり方はイスラームを広めていく上で大きな原動力の一つになったのではないでしょうか。

格差を是正するイスラームの優れた仕組み

ムハンマドが生きた時代のアラブ地方は、部族間の抗争が絶えませんでした。そうしたときにムハンマドは神の声を聞き、神の前ではすべての人間が平等であると伝えました。どの部族の者であろうが、あるいはどの部族の長であろうが、その神、アッラーの前では等しくひれ伏す。そうなると、抗争は起こりにくくなります。

おまえはアッラーを信仰しているんだな。俺もだ。俺たちはアッラーの前ではみんな同じだ。何も変わりはしない。仲間じゃないか。……こんなふうに意識が変わっていったのでしょう。

たとえ戦争をしても、ある時間になると、敵対している者同士、同じ神、アッラーに向かって礼拝する。「聖なるお方　おおアッラー　たたえるべきお方」などといっせいに言う。となると、どうでしょうか。簡単にいうと、戦いは盛り上がらないのではないでしょうか。もちろん、戦争など盛り上がらないほうがよいに決まっていますが、図ってか図らずか、アラブ地方はイスラームに改宗が進むにつれて、抗争が沈静化していったのです。

イスラームを信仰しムスリムになるということは、同じ神を信じ、同じ行動様式を取るということです。すると、部族による違いよりもムスリムである共通性のほうが増えていきます。敵として争うよりも共感することが増え、同胞意識が強まっていきます。こうなるとも う、敵というより仲間です。イスラームがアラブ地方をまとめていく強力な道具として作用したのです。

ムハンマドの時代は格差社会でもありました。富を蓄えた一部の者がいる一方、多くの人は貧困にあえいでいました。貧しい人たちの暮らしは厳しく、不満も持っていました。そうしたところに、イスラームは「すべては神のものである」と言ったのです。そして「富も何もかもアッラーに返しなさい」と。

すべての富や財は最終的には神に捧げるものである。捧げられたものはキリスト教のカトリックのように教会に持っていかれるかというと、そうではありません。そもそもイスラームにキリスト教の教会に相当する組織がないのだから、そうなりようがないのです。

先ほど、六信五行の五行の一つに「喜捨」があると書きました。イスラームでは、財産や収入の一部を困窮者に施す義務があります。「富める者は貧しい者に分け与えよ」という教えで、これが喜捨です。

喜捨をしないと、死後、天国（緑園）に行けなくなってしまいます。ムスリムにとって、これは極めて重いことです。地獄には絶対に行きたくありませんので、天国への切符を手にするために、多くの人が進んで喜捨します。

また、イスラーム社会では、ウラマーと呼ばれる神学や法学の学者がいて、人々の生活の相談などを行なっています。このウラマーをキリスト教の神父や牧師のような聖職者と思っている人もいるようですが、そうではありません。ウラマーはあくまで学者であって、聖職者ではないのです。

教会も聖職者も存在しない。これはイスラームの特徴の一つで、特権的な組織も人も存在しないことを意味します。「人は神の前で平等である」意識が行き渡っているといえます。

人の社会は、放っておけば、格差が生じ、広がり、不平等になっていくものです。自由な経済活動をしていると、力や環境の差が生じて、なおさら不平等になりがちです。

しかし、イスラームのような思想を持つ社会であれば、格差が縮小ないしは是正される可能性は大いにあります。どうしても生じてしまう格差を是正するのに効果的な思想であり、社会の仕組みだといえます。

法の下の平等と神の前の平等

格差が是正されるということは、経済面での平等が促されることを意味します。

さらに、神の前ではすべての人が平等であるとイスラームでは教えているので、身分上の平等や意識の上での平等もある程度は達成できます。なにしろ開祖のムハンマドですら特別な存在ではなく、聖職者も存在しない教えです。ムスリムは誰であれ、人間にはひれ伏しません。ひれ伏す対象は唯一、神、アッラーのみです。

現代につながる平等や人権の概念は近代国家の中で徐々に確立していきました。たとえば、アメリカ独立戦争時に出された「独立宣言」や、フランス革命時に発表された「人権宣言」などは世界各国各地に多大な影響を与えました。

「独立宣言」が発表されたのは一七七六年です。十三ある植民地の代表がイギリスから独立することを表明しました。この宣言では、基本的人権、革命権、平等、生命・自由・幸福を追求する権利などが謳われています。

また、「人権宣言」が発表されたのは一七八九年です。「人間は、生まれながらにして、自由であり、権利において平等である。社会的な差別は、共同の利益に基づく場合にしか設けられない」と、その第一条には書かれています。

「独立宣言」や「人権宣言」には、右のように、人権、平等、自由などが謳われています。これらの思想は現在の日本の憲法である日本国憲法にも盛り込まれています。基本的人権の尊重、法の下の平等、思想・信教・表現・集会の自由などです。現在の日本も近代欧米国家の影響を非常に大きく受けていることがわかります。

十八世紀に欧米で花開き、大きく育っていった人権、平等、自由などの思想。これは人類のすばらしい財産です。

ただ、考えてみると、それよりはるか昔の七世紀にイスラームではすでに平等の概念を唱え、実行に移していたことに気づかされます。それは「神の前の平等」であって、近代国家の「法の下の平等」とは異なります。「神」と「法」とは確かに違いますが、神であっても、法であっても、実際問題として人の平等を達成できるのであれば、どちらでも構わないという考え方もできます。そういう意味では、当時におけるイスラームの先進性を感じます。

第5章

イスラームはどこへ向かうのか

世界の文化、科学、経済をリードしたイスラーム

イスラームはこの先、どうなっていくのか、あるいはどこへ向かうのか、といったことを考えるには、イスラームの歴史を振り返ることも重要です。そこでまずは、イスラームの歴史を簡単に見てみることにします。

現在、イスラームを信仰する人たちが住む国や地域を見ていると、戦乱の中東や貧困のアフリカというイメージが強く、発展が遅れていると思っている人もいるでしょう。

また、イスラームの戒律や因習、旧習が人々の自由を制限し、伸びやかに生きることを押さえつけ、経済発展の足かせにもなっていると考える人もいるかもしれません。

しかし、本当にそうなのでしょうか。実はイスラームはかつて、経済面でも科学技術面でも、世界を牽引する立場にありました。キリスト教世界よりもイスラーム世界のほうが進んでいたのです。しかも、そうしたイスラーム文化圏の先進性は一千年近くも続きました。

ムハンマドがメッカで、神アッラーの言葉を聞いたのは六一〇年ごろ。そこから、イスラームはまずアラビア半島に広がっていきました。イスラームはその後、中東全域、北アフリカ、さらにはイベリア半島にまで勢力を広げていきます。イスラームが支配した地域はローマ帝国よりも広いほどでした。

七五〇年に成立したアッバース朝の時代には、アラブ人の特権が廃止され、すべてのムスリムが平等に扱われるようになりました。いわば本来あるべきイスラームの姿にしたということです。アラブ民族を超えて発展していったイスラームは、イスラーム帝国と呼ばれるまでになります。

日本でも知られている『アラビアン・ナイト（千夜一夜物語）』は八〜九世紀に原型がまとめられました。話の多くはアッバース朝時代のバグダッドを背景にしています。

当時のバグダッドは唐の長安と並ぶ大都市で、国際都市でもありました。バグダッドは七六二年からアッバース朝の首都になり、現在はイラクの首都です。

イスラームは多くの文化・文明を生み、発展させました。数学、天文学、地理学、医学、化学、歴史学、文学、美術など、その分野は多岐にわたります。アラビア固有の学問に加え、古代ギリシャなどの学問の影響も受けて発展していきました。

たとえば医学では、外科の技術が発達して、帝王切開による出産も早くから行なわれたようです。イスラームの先進的な医学は、のちに西ヨーロッパの医学に多大な影響を与えました。

また、薬剤師と錬金術師が実験を繰り返すことで、薬学や化学が大きく発展していきました。錬金術は十二〜十三世紀にヨーロッパに伝わり、近代科学の基礎になります。

私たちが今、日常的に使っている数字は算用数字ですね。算用数字はアラビア数字ともいいます。この数字の起源はインドで、のちにアラビアに伝えられ、改良されて、ヨーロッパに伝えられました。ヨーロッパでアラビア数字といわれたため、日本でも、算用数字のほかにアラビア数字と呼ばれています。この数字の恩恵も今、世界中の人が受けているわけです。

ムスリムたちは古代ギリシャや古代ローマの知識も学び、蓄積していきました。ギリシャ語を理解し、アリストテレスの哲学なども研究していたのです。

世界の先進地域であった期間が長く続いたイスラーム圏でしたが、その地位は次第に変わっていきます。その原因の一つに、キリスト教の軍隊ともいうべき十字軍の遠征がありました。

今も生き続ける「十字軍」という亡霊

「十字軍」というと、多くの日本人には単なる歴史の知識の一つにしか感じられないかもしれません。昔、中学や高校のころ、試験に出るから仕方なく覚えたという人もいるでしょう。

しかし、この十字軍、あるいは十字軍の遠征は現在も生き続けている〝歴史〟です。

たとえば、二〇〇一年の九月十一日に起きたアメリカ同時多発テロ事件（いわゆる9・11事件）後、アメリカのジョージ・W・ブッシュ大統領は「この十字軍、この対テロ戦争は……」といった発言をしています。

また、世界各地でテロ活動をしているイスラーム国（イスラム国、IS＝Islamic State）は、アメリカやイギリス、フランスなどの軍隊を十字軍であるとして、「我らの戦いは十字軍との戦いである」と発言しています。十字軍は〝現在進行形の歴史〟ともいえるのです。なお、本書でISを取り上げる際、以後「イスラム国」と表記します。単にムスリムが多く住み、イスラームが社会の中心となっている国を指す一般的なイスラーム国と区別するためです。

さて、本家本元の十字軍の遠征について説明しましょう。

十字軍の遠征は、一〇九六年から十三世紀の間にヨーロッパ諸国のキリスト教徒により聖地エルサレムを奪回するという名目で行なわれました。ほぼ二百年間にわたって七回ほど、キリスト教徒の軍隊が送り込まれました。「七回ほど」と書いたのは、数え方によって、回数が異なるためです。

エルサレムはユダヤ教、キリスト教、イスラームの共通の聖地です。エルサレムの旧市街には、ユダヤ教の「嘆きの壁」、キリスト教の「聖墳墓教会《せいふんぼ》」、イスラームの「岩のドーム」があります。

「嘆きの壁」はヘブライ王国のソロモン王時代にあった神殿の城壁といわれます。

「聖墳墓教会」は三三五年（三三六年説もあり）、イエスが処刑されたゴルゴタの丘に、ローマ帝国のコンスタンティヌス帝の命《めい》で建立されました。

「岩のドーム」は現存する最古のイスラーム建築で、六八七～六九一年に建立されたといわれます。ムハンマドが昇天したとされる巨石の上に立っています。

それぞれの宗教にとって、この土地が極めて重い意味を持つことがわかります。

第一回目の十字軍の遠征が行なわれた当時、エルサレムはイスラームの支配下にありました。西ヨーロッパでは当時、教皇権が強まっていた時期で、教皇ウルバヌス二世が聖地エルサレムの奪回を宣言したのです。

しかし、イスラーム側からすると、「奪回」という言葉は妥当ではありません。というのも、ムスリムたちがキリスト教徒を迫害したわけでも、エルサレムから追い出したわけでもなかったからです。あるいは、エルサレムのキリスト教の聖地「聖墳墓教会」が荒らされるようなことも、起きていません。狭いエルサレムの中ではあるけれど、うまい具合にすみ分けができていたのです。

近年では、十字軍の遠征は侵略戦争だったという見解も少なくありません。イスラーム側やアラブ側からすると、いきなり強盗に押し入られたような状態だったのかもしれません。

ムスリムたちは古代ギリシャや古代ローマの知識も学んで蓄積していたと、前項で書きました。その知の蓄積をのちにはヨーロッパの人々が学びました。ということは、ヨーロッパは自分たちの文化の根幹をイスラームを通して学んだということです。

ムスリムのおかげで、ヨーロッパの文化・文明は発展することができた。となると、ヨーロッパの人たちはムスリムに恩があるともいえます。

ところが、ヨーロッパのキリスト教徒は、十字軍という軍隊をエルサレムなどに送りつけました。

たとえば第一回の十字軍は、エルサレムで非常に多くの人を虐殺し、略奪も行なっています。殺された人はムスリムだけでなく、ユダヤ教徒もいました。虐殺と略奪を繰り返したあげく、十字軍は「エルサレム王国」を建国しました。

自分たちはキリスト教徒に対して、悪いことはしていないはずだ。むしろいろいろな恩恵を与えてきたではないか。それなのに、ヤツらは俺たちに襲いかかった。略奪し、惨殺し、俺たちの暮らしを破壊した。……ムスリムがこのように考えても、おかしくはありません。彼らからしたら、恩を仇《あだ》で返されたようなものだったでしょう。

「リメンバー十字軍」。こうした言葉が実際に使われたわけではありませんが、ムスリムの胸には十字軍、あるいはキリスト教徒に対する深い反感と怨恨《えんこん》が刻まれたことでしょう。

ジハードの本質は「反撃」

七回ほど行なわれた十字軍の遠征では、イスラーム側に英雄も現われました。サラディン（サラーフ・アッディーン）です。彼はエルサレム王国を倒したり、第三回の十字軍遠征を撃退したりしました。

サラディンは蛮行を繰り返した十字軍とは対照的で、敵である十字軍に対して、しばしば寛大な措置を執っています。むやみに殺すことはせず、生命の安全を保証し、捕虜も解放しました。

「ジハード」は「聖戦」と訳されることが多いですね。その本質は何かというと、十字軍の遠征のように、まず西洋側からの攻撃があって、それに対する反撃がジハードではないでしょうか。

イスラームでは「ジハード（聖戦）」という教徒に課せられた義務がありますが、それが成立する時は、防衛戦に限定されます。

右の文章は『イスラーム基礎講座』（渥美堅持著、東京堂出版）からの引用です。防衛はするが、先制攻撃はしないということです。

さらに同書には「おとなしく営巣している蜂を刺激しなければ蜂は蜜を楽しませてくれますが、一度巣を刺激すれば蜂は優秀なテロリストになります」とあります。

渥美氏は同書で次のような指摘もしています。それは――

アメリカはウサマ・ビン・ラーディンに対して復讐を行なうために、テロリスト支援集団にすぎないタリバンに対して激しい軍事攻撃をしかけました。もしそうしないで、交渉か秘密裏にウサマ・ビン・ラーディンを捕縛し、殺害していれば、のちのイスラーム・テロリストという集団は生み出されなかったかもしれない。

――といった指摘です。

何もしなければ襲わない蜂も、棒でつつくなどして刺激すると、激しく反撃します。アメリカはむやみに、あるいはよけいな刺激をテロリスト予備軍に与えたのかもしれません。そのため、蜂は反撃、すなわちジハード＝聖戦に打って出たととらえることもできます。

オスマン帝国の解体とイスラーム権威の終焉

話を歴史に戻すと、「レコンキスタ」もイスラームとキリスト教との戦いでした。レコンキスタは「国土回復運動」「再征服」などといわれますが、これはキリスト教側から見た表現です。

イベリア半島は八世紀の初め以降、イスラームの支配下になりましたが、それをキリスト教側が取り戻そうとする争いが断続的に行なわれました。一四九二年まで、実に八百年近くも続いた争いです。イベリア半島の南部に残った最後のイスラーム国家をスペインが滅ぼして、レコンキスタは完了しました。

ちなみに、一四九二年はコロンブスがスペインの女王、イザベラの援助を受けて、アメリカ大陸に到達した年でもあります。このころ、すでに大航海時代に入っていて、スペインやポルトガルといったキリスト教国は大海原に船出し、植民地を打ち立てていきます。その過程では、すでに見たように、ラス・カサスの『インディアスの破壊についての簡潔な報告』に書かれたような悲惨極まる出来事も数多く行なわれました。

イスラーム側から見ると、その後のナポレオン・ボナパルトのエジプト遠征も大きな衝撃でした。ナポレオン率いるフランス軍が一七九八年にエジプトに侵攻し、イスラームの軍隊を打ち破ったのです。

当時、エジプトはオスマン帝国の領土でしたが、実質的にはマムルークと呼ばれるイスラームの軍人たちが統治していました。マムルーク軍は高度に訓練された騎兵隊でしたが、ナポレオン率いる近代的な軍隊に敗れたのです。この敗戦のショックはずいぶん大きかったでしょう。

その後もヨーロッパのキリスト教国のイスラーム支配地域への進出は止まりません。一八六九年にはスエズ運河が開通して、イギリスがエジプトを支配するようになります。

第一次世界大戦中の一九一七年、イギリス軍がイラクの首都のバグダッドを占領し、翌一九一八年には、シリアの首都、ダマスカスを占領します。その後、第一次世界大戦が終わるとオスマン帝国は分割され、イギリスやフランスなどに占領されてしまいます。

オスマン帝国は一二九九年に始まるイスラーム帝国で、領土は西アジア、北アフリカ、そして東ヨーロッパにまたがるほど広大でした。また、オスマン帝国はメッカとメディナというイスラームの二大聖地も支配下に置いていたこともあって、オスマン帝国の皇帝はイスラームの宗教的な権威も保っていました。

オスマン帝国は解体されましたが、トルコ革命を経て、一九二三年にトルコ共和国が建国されます。初代大統領でアタチュルク（トルコの父）と称えられる、ムスタファ・ケマル・パシャは脱イスラーム政策を推し進めました。カリフ制やイスラーム暦を廃止し、イスラーム法学校などを閉鎖します。さらに、イスラームを国教と定めた憲法の条文を削除し、政教分離も実施しました。トルコの父であるケマルは、トルコ近代化の父でもあります。

「カリフ」というのは、イスラームの開祖、ムハンマドの後継者、あるいは代理人という意味です。初期のイスラーム世界では、イスラームの最高指導者の称号でもありました。

カリフ制の持つ意味は時代とともに変容しましたが、称号としては使われ続けます。オスマン帝国では、自国が衰退する中、イスラームの権威としてカリフが用いられましたが、ケマルがカリフ制を廃止したことで、イスラーム世界のカリフは存在しなくなりました。最後のカリフはオスマン帝国の皇太子、アブデュルメジト二世でした。

「イスラム国」は「カリフ制国家の復活」を掲げています。「イスラム国」としては、イスラーム諸地域やムスリムをまとめるためにもカリフという権威が欲しいのでしょう。

イスラーム諸国が頑なに進んだ道

とりわけ十九世紀後半以降、帝国主義が隆盛し、欧米列強による植民地政策が活発化していきます。強力な産業力を背景にして、アジアや中東、アフリカなど世界各地を侵略していきました。

そうした侵略行為を行なった国の宗教は何かといえば、キリスト教です。西洋近代が生んだ帝国主義とキリスト教が一緒になって侵略行為を推し進めたといえます。

幕末の日本にも、欧米列強の波は押し寄せました。アメリカのペリーが浦賀に来航したのはその一例です。

日本は欧米諸国と不平等条約を締結させられるなど、いわば攻め込まれますが、すんでのところで植民地にはならずにすみました。幕末の動乱を経て、明治という新たな近代国家をつくり上げたからです。近代国家に生まれ変わらなかったら、日本もほかのアジアや中東、アフリカの国々のように植民地にされていた可能性が十分あります。

明治時代を迎えてからは、富国強兵、殖産興業といった旗印を掲げ、近代化にひた走りました。さらには、議会制民主主義も導入され、国は発展していきます。

明治になり、風俗や習慣も大きく変わっていきました。徐々に髷《まげ》を結わなくなり、洋服を着だして、食生活も変化していきました。服装、食事、住居、町並み、教育、仕事……あらゆることがときに急激に、ときに少しずつ変わっていきました。

江戸時代は二百五十年以上も続いた安定した時代でした。長年にわたって、何世代にもわたって、慣れ親しみ、馴染んでいた社会状況でした。しかし、外圧があったこともあって、日本人は徳川の世を終わらせる選択をしました。もちろん、抵抗はありましたが、結果としては、明治という新たな世に駒を進めることになりました。

その日本に比べても、イスラームの国や地域は明らかに頑《かたく》なです。外圧があっても、侵攻されても、征服されても、相手の宗教はもちろん、制度も取り入れることはせず、自分たちの信じる道を突き進んでいます。

信じる道、それはもちろんイスラームです。イスラームは信仰であり、行動様式であり、法律でもあります。そして、自分たち教徒は神であるアッラーの奴隷です。すべてはアッラーのおかげあってのことと考えます。それほどまでに強い縛りをイスラームからかけられています。〝縛り〟などと思うのは、異教徒ゆえかもしれませんが。

そうした中で、イスラームの〝縛り〟を緩めたのは、先に書いたトルコです。オスマン帝国崩壊後のトルコは、ケマルが中心になって脱イスラームを進めました。その際ケマルは、日本の近代化を見習っています。そのトルコにしても、近代化、世俗化とイスラームの伝統のはざまで、進むべき道を模索しています。

核兵器の開発も『コーラン』に従う

欧米諸国が台頭して以降、イスラームは遅れた地域と見なされるようになってしまいました。それはイスラームの考え方、行動、法、慣習、社会の仕組みなどが西洋的な近代とずれてしまったことが要因の一つです。

たとえば、資本主義のシステムを取り入れるかどうかを考える際にも、『コーラン』に照らし合わせて考えます。

『コーラン』には商取引についても記述があります。民法や商法に関することも、イスラームにのっとっています。欧米人や日本人からすると、資本主義的に発想したほうが合理的に思えることでも、ムスリムはそうは考えない。第一の基準はあくまでも『コーラン』です。

すでに見たように、イスラーム世界が経済的にも技術的にも進んでいた時代がかつてありました。商取引の方法も、イスラーム社会のほうがキリスト教社会よりも進んでいました。なにしろイスラーム商人たちは、九世紀にすでに小切手や約束手形を使っていたのですから。

しかし、近代資本主義が発展して以降は、その形勢は逆転しました。それでも、イスラーム世界はイスラームを捨てず、欧米になびくこともありません。

トルコなどを除けば、政教分離もとりません。政教分離とは、文字どおり、政治と宗教は分離されるべきであるという考えです。これによって、国家権力から信教の自由が保障されることになるし、国家が宗教活動を行なうことも禁じられます。政教分離は近代国家の基本となる考え方でもあります。

しかし、多くのイスラーム国家では、むしろ政治と宗教が一体の政教一致をとっています。かつて政教一致は世界的に見られましたが、近代国家が増えるにつれて少なくなりました。西洋的な視点からすると、政教分離を取り入れないイスラームの姿勢は〝遅れている〟と見られてしまうわけです。

さらに西洋では、近代科学が発達し、産業革命が起こり、近代兵器の開発も進み、ついには核兵器まで開発しました。よし悪しは別として、科学技術の発達は目を見張るものがあります。

しかし、イスラーム世界ではやはり『コーラン』が立ちはだかります。なにしろイスラーム世界では、核兵器の開発さえも『コーラン』に従うことがあるのです。以下は『イスラーム基礎講座』（渥美堅持著、東京堂出版）の一部です。

ホメイニー師によるイスラーム革命の結果、イランはアッラーが支配する国となり、政教分離の道を閉ざすこととなりました。あらゆることにアッラーとの契約が優先するという世界。それが現在のイランです。世界の注目を集めている核問題にしても、核開発の範囲をアッラーの法にもとづき決定するという国がイランであり、欧米やイスラエルが恐れる核兵器開発においてもイスラーム法（シャーリア）にもとづき定められる国となったのです。

アメリカやイギリス、フランスが核兵器を開発するか否かを考える際に『新約聖書』に判断を求めるでしょうか。そうしたことはまずないでしょう。となると、西洋近代的な思考では、やはりイスラームは特殊と考えられてしまうのも、やむを得ないかもしれません。

変わらないイスラームの良さ

その一方で、視点を変えると、イスラーム世界からは別の風景も見えてきます。

たとえば、民主主義は平等の社会をつくるといいますが、ではアメリカやヨーロッパの国々、そして日本に経済格差はないかというと、そんなことはありません。

近代科学の発達は私たちにさまざまな恩恵をもたらしてくれている一方、さまざまな害悪ももたらしています。近代兵器による大量殺戮、大気汚染や水質汚濁などの公害、自然環境の破壊など、実にたくさんあります。

西洋近代的な思考と実践が世界を席巻して以降、世の中のスピードは増すばかりです。開発開発開発、進歩進歩進歩、成長成長成長……と、追い立てられるような社会になり、個人の生き方も、それに合わせるように追い立てられています。

その点、イスラーム社会のペースはゆったりしています。なにしろ、イスラームの決まり事はほぼすべて、六一〇年ごろに、神アッラーから授かった言葉を軸に暮らしているのです。ムハンマドの時代に決まったのですから。

日本なら飛鳥時代で、聖徳太子たちが生きた時代です。今の私たち日本人が、飛鳥時代に授かった神か仏の言葉を金科玉条《きんかぎょくじょう》にして暮らしていることなど考えられるでしょうか。もちろん、和を尊ぶことなど、今の日本人に受け継がれている伝統も少なくありません。しかし一方、時代の変遷に伴い、柔軟に解釈したり、時代とともに変化したりしている考え方や風俗、習慣もたくさんあります。それが人間社会の一般的なあり方のように思います。

しかし、イスラームは違います。イスラーム世界の時の流れは緩やかで、いたずらな進歩など望んでいないように見えます。しかも「喜捨」などを通して、経済格差を是正する仕組みもあるわけです。

まったく変わっていないわけはありませんが、近代以降の欧米や日本に比べると、変化が緩やかなイスラーム社会は、それはそれでよい点もあるわけです。

日本が幕末から動乱の時代を迎え、明治という新たな世に移行し、近代国家として生まれ変わっていった様はすでに見たとおりです。そのことの評価はされてしかるべきですが、見方を変えると、主立った内乱もなく、二百五十年以上の長きにわたって平穏な暮らしが営まれていた江戸時代の評価も、やはりされてしかるべきです。

支配階級の武士はさほど贅沢な暮らしをするわけでもなく、主君に忠義を尽くし、場合によっては切腹しなければならないなど、非常に厳しい規律を求められています。むしろ庶民より厳しい環境にあったのではないかと思えるほど、己を律することを求められていました。こうした支配階級、上流階級は世界的にも多くはないでしょう。

一方の農民などの庶民階級も、かつての歴史教育でいわれていたほど虐げられていたわけではないようです。その時期や地域などにもよるでしょうが、ゆったり大らかに暮らしていたという研究報告も散見されます。

商人も、大店《おおだな》になると金持ちもいます。支配階級の武士よりもずっと羽振りのよい商人もいたわけです。身分は低いけれど、お金はある。そういう商人も少なくなかった。一方、武士は身分は高いけれど、必ずしも裕福ではない。江戸時代は、そういう絶妙なバランスの社会だったともいえます。

しかし、欧米諸国が押しかけたことで、その平和で穏やかな社会にピリオドを打たざるをえなくなります。ペリー率いるアメリカの艦隊が浦賀に来航し、軍事的な圧力をかけつつ、条約締結を迫ったことをはじめ、欧米列強はほぼ閉ざしていた日本の扉をこじ開け、無理やり開国させました。

そして日本は、「圧倒的なスピードで進歩し続ける近代化という〝高速列車〟に乗らなければ、蹴散らされて踏みつぶされてしまう。だから乗るしかない」という状況に追いやられ、近代化の道を大急ぎで歩み始めたわけです。

混迷の源流となったソ連のアフガニスタン侵攻

干渉すべきではないイスラーム世界に、近代以降、欧米諸国は干渉し続けてきました。それらの行為にもっともらしい理由をいろいろつけましたが、結局のところ、領土や石油資源が欲しいというのが本音でしょう。

欧米諸国のイスラーム世界への介入がどういう事態を引き起こしているのか、ソ連がアフガニスタンに軍事介入して以降の歴史をまずはザッと振り返ってみます。

一九七九年、ソ連は内紛が続いていた隣国のアフガニスタンに侵攻し、傀儡《かいらい》政権を立てました。しかし、国際的な批判を受け、一九八〇年のモスクワオリンピックには、日米をはじめ多くの西側諸国（資本主義陣営）が参加を取りやめました。

この当時は、アメリカをはじめとした西側諸国とソ連を中心とした東側諸国（社会主義陣営）がしのぎを削っていました。東側を代表するソ連は、アフガニスタンが西側陣営に取り込まれるのを防ぐ狙いもあって、アフガニスタンに侵攻したのです。

西側は西側で、アフガニスタンをソ連などの東側の支配地にされたくない。そこで、アメリカはアフガニスタンに大量の武器を送り込んで、アフガニスタンが戦場になったという背景もあります。

ソ連のアフガニスタン支配はゴルバチョフによって方向転換され、一九八八〜八九年にかけて、ソ連軍はアフガニスタンから撤兵しました。さらに一九九一年には、そのソ連自体が崩壊してしまいます。

ソ連が崩壊したことで、アフガニスタンはいわば空白地帯になりました。その空白地のアフガニスタンにタリバーン（タリバン）が入り込みます。タリバーンは元来、ソ連に侵略されたアフガニスタンを助けるという旗印の下につくられたイスラームの過激派組織です。タリバーンが結成されたのは一九七九年といわれます。

タリバーンにはタリバーンの存在理由が当初はありました。アフガニスタンが混乱に陥ったことで、隣国のパキスタンが迷惑を被ります。パキスタンの安全保障上、アフガニスタンの統一は不可欠でした。その任を負ったのがタリバーンだったわけです。

ソ連崩壊後、唯一の超大国になったアメリカは軍事行動に積極的になりました。一九九〇年、イラン・イラク戦争後の財政難を打開するため、イラクが隣国のクウェートに侵攻します。クウェートを制圧したイラクに対して、アメリカをはじめとした多国籍軍は翌九一年にイラクを攻撃しました。湾岸戦争の勃発です。イラク軍がクウェートから撤退し、湾岸戦争は終結しました。

一九九八年になると、タリバーンはアフガニスタンのほぼ全土を掌握します。タリバーンはアルカーイダ（アルカイダ）の司令官だったビン・ラーディンを匿《かくま》ったことがあるともいわれます。

そのアルカーイダはイスラーム主義を標榜するゲリラ組織で、国際的なネットワークでもあります。二〇〇一年に起きたアメリカ同時多発テロ事件（9・11）を起こしたといわれます。

その後の中東情勢はさらに激しく動きます。二〇〇三年には、アメリカがイギリスとともに、大量破壊兵器を隠し持っているとされたイラクを攻撃し、イラク戦争が勃発しました。これによって、サダム・フセイン政権が崩壊しました。

二〇一一年には、ビン・ラーディンがアメリカ軍によって殺害されます。

そして、二〇一二年以降、アメリカはパキスタン北西部のパキスタン・タリバーンの拠点を無人機で攻撃しています。

また、「イスラム国」が台頭し、二〇一五年には、フランスのパリやチュニジアのチュニス、そして再度パリなどでテロ事件を起こしています。

これらの出来事はごく一部ではありますが、こうして振り返ると、ここ数十年のイスラーム世界、あるいは中東を巡る動向は混迷を極めていることが改めてわかります。その大きな理由の一つに、欧米諸国の介入があることは否めません。

〝蜂の巣〟をつついたアメリカの大罪

欧米諸国のイスラーム世界への介入に行きすぎた点があることは明らかです。そこには、きれい事ではない、自国の利権が絡んでいます。

たとえば、アメリカが湾岸戦争やイラク戦争にこだわったのは、イラクやクウェートに豊かな原油があるからです。ジョージ・H・W・ブッシュ（父ブッシュ）は湾岸戦争に、ジョージ・W・ブッシュ（子ブッシュ）はイラク戦争にと、アメリカ大統領が親子二代で大きな戦争に関わっています。

ビン・ラーディンはアフガニスタンに潜伏しているらしい。タリバーンに匿われているらしい。アメリカはそういう情報を入手すると、アフガニスタンに爆撃を開始し、そこに住んでいる子供や女性までも大勢殺してしまうことになりました。アルカーイダともタリバーンともまったく関係のない多くの庶民が巻き添えを食って、亡くなってしまったのです。

正義とか大義とか、そんな理想や理屈を掲げても、やっていることは殺戮です。これでは、アフガニスタンやイラクの人の恨みを買わないほうが不思議でしょう。

アメリカとイギリスがイラク戦争を起こしたのは、イラクが大量破壊兵器を隠し持っていることが大きな理由でした。しかし、そのアメリカ自体、大量破壊兵器をしっかり保持しています。中国も持っている。では、中国に空爆を行なうかというと、そんなことはしません。

大量破壊兵器の有無で攻撃を仕掛けるというのは、かなり無理のある話です。しかも、のちにイラクの大量破壊兵器は存在していないことが判明したのですから、イラク戦争を起こした大義名分は、はなから誤りだったと言ってもよいでしょう。

それにもかかわらず、アメリカはサダム・フセインを捕らえ、処刑までしたのです。こうした行為がいったい国際法的に許されるのか、甚だ疑問です。もう少し時が経って、歴史的に検証する時代を迎えたら、大変な事態になるかもしれません。

サダム・フセインのやり方には確かに問題が多かったし、虐げられていた人たちもいました。しかし、だからといって、他国に勝手に入り込んで、その国のトップを処刑してよいのかどうか。しかもその過程では、アフガニスタンのときと同じように、大勢の子供や女性たちもアメリカ軍などに殺されました。イラクの人たちが、アメリカに憎しみを抱くのは当然といえるでしょう。イラクの人たちにとって、フセイン統治時代と比べて現在のほうがよくなったとは言えないのが現状です。

パキスタン・タリバーンへのアメリカの無人機による攻撃によっても、過激派とは何の関係もない人たちが大勢殺されています。

そのほか、中東のあちらこちらでアメリカ軍など欧米諸国の攻撃によって、過激派とはいっさい関係のない一般庶民も殺されているのが現状です。

再度引用しますが、渥美堅持氏の『イスラーム基礎講座』（東京堂出版）に「おとなしく営巣している蜂を刺激しなければ蜂は蜜を楽しませてくれますが、一度巣を刺激すれば蜂は優秀なテロリストになります」とあるように、アメリカは蜂の巣を刺激してしまいました。そして、渥美氏の指摘するとおり、刺激された蜂たちは優秀なテロリストになっています。

テロリストが出てくる以上、アメリカなどの欧米諸国は彼らを叩かないといけない。ゲリラ戦法などで相手が一つ攻撃を仕掛けてきたら、アメリカ側は倍返しどころか、五十倍、百倍で返す。その結果、何の罪もない人たちまでもが巻き添えを食って、命を落としたり、家を焼かれたり、職を奪われたりしている。これでは憎悪が芽生えないほうが不思議です。

イスラームを名乗る過激派が行なっているテロはもちろん批判されるべきですが、では、アメリカがしていることは何なのか。イスラーム側の人たちにとっては、それは大規模な暴力的行為となっています。イスラーム世界への欧米諸国、とりわけアメリカの行為は非常に荒っぽいと言わざるをえません。

イスラーム諸国とキリスト教国の非対称な戦い

ソ連の崩壊で東西冷戦が終結して以降、民族問題や宗教問題が顕著になりました。宗教対立でいえば、主にキリスト教対イスラームやユダヤ教対イスラームとなります。

パレスチナ問題の本質は政治の問題であって、ユダヤ教対イスラームの対立ではないと第2章で書きました。では、アメリカなどの欧米諸国と中東との紛争の本質は、キリスト教対イスラームの対立なのでしょうか。

これに関しては、非対称の対立であると私は考えています。どういうことかというと、中東に関してはイスラームです。中東の国々、人々はイスラームを軸にして考え、行動しています。イスラームの価値観を尊重し、それを守ることをとても重視しています。その意味では、宗教的に純粋な思いがあります。

しかし、一方の欧米諸国はキリスト教に基づいて行動しているかというと、そうではありません。

ジョージ・W・ブッシュ大統領が「この十字軍、この対テロ戦争は……」と発言したこともかつてあります。これはキリスト教とイスラームの対立を意識してのことでしょう。あるいは、アメリカの大統領はしばしば〝God Bless America〟、つまり「アメリカに神の祝福を」と言います。

政治の場面の折々でキリスト教にまつわる言葉も発せられますが、アメリカなどの欧米諸国はキリスト教の教義に基づいて行動しているわけではありません。キリスト教を布教しようと思って、空爆をしているわけでもないでしょうし、キリスト教の価値を守ろうとして、イラクに侵攻したわけでもないでしょう。

少なくとも帝国主義以降のキリスト教国は、キリスト教の布教を主な目的にして対外政策をとっているわけではありません。先述したように、領土や資源の獲得が大きな目的です。イスラーム教国を尊重し、守りたいイスラーム諸国と、領土や資源が欲しく、自国に有利な対外政策をとりたいキリスト教諸国。ムスリムが多い国とキリスト教徒が多い国との争いは、そうした非対称な戦いでもあるのです。

「イスラム国」がイラクやシリアで戦う本当の理由

近年、特に問題になっているイスラーム過激派に「イスラム国」があります。「イスラム国」はもともとイラクを本拠地とする武装組織で、一九九九年ごろに現在の「イスラム国」のもとになる組織ができたといわれます。イラクやその隣国のシリア、さらにその周辺国を中心に活動をしていましたが、そのテロ行為はフランスなど、より広い地域へと拡大しています。「イスラム国」がイラクやシリアを中心に活動していることには意味があって、第一次世界大戦中（一九一四〜一八年）にイギリスとフランスが勝手に引いた国境線を無効にし、元のイスラーム世界に戻そうとする意図があるのです。

第一次世界大戦はイギリス、フランス、ロシアなどの連合国とドイツ、オーストリア、オスマン帝国などの同盟国が対戦し、連合国側の勝利で終わりました。

当時、現在のイラクやシリア周辺はオスマン帝国の領土でしたが、負けたオスマン帝国は解体され、その領土も分断されました。現在のイラクとシリアは、第一次世界大戦中にイギリスとフランスの密約によって誕生したという経緯があります。勝手に国境を引かれ、勝手につくられたイラクやシリアを本来のイスラーム国家に戻そうというのが、「イスラム国」の主張です。この話だけを聞くと、筋が通っているように思えます。

先述したように、「イスラム国」はカリフ制国家の再興もめざしています。この点はほかのイスラームの過激派組織と一線を画すところです。

『イスラム国 テロリストが国家をつくる時』（ロレッタ・ナポリオーニ 著、村井章子 訳、池上彰 解説、文藝春秋）に興味深い記述があります。

アルカイダはカリフ制国家の再興と言えるようなことは何一つしておらず、国家建設に積極的に携わったこともない。この組織のリーダーたちは、アメリカ攻撃の計画を立てることに没頭していた。「アルカイダは一つの組織にすぎないが、われわれは国家だ」——これは、ニューヨーク・タイムズ紙のオンライン・チャットでアブ・オマルと名乗っている「イスラム国」戦士の言葉だ。この言葉は、二つの武装集団が多くのムスリムの目にどう映っているかを雄弁に物語ると同時に、それぞれの集団が世界に突きつける難題のちがいを的確に言い当てている。

アルカーイダは単なるゲリラ組織にすぎないけれど、「イスラム国」は明確に国家だと断言しているのが大きな違いだというわけです。

めざすはカリフ制国家の再興

「イスラム国」は国としての財政基盤を持ち、役所などの行政機関も整えているといわれています。確かに単なるゲリラ組織や武装集団ではなく、それなりに国家の体《たい》をなしているのかもしれません。独立した領土と国民を持つ。それが「イスラム国」の目標なのでしょう。

とはいえ「イスラム国」もテロを手段にしています。目的達成のためには手段を選ばないといわんばかりのテロ行為を続けていますが、これでは多くのムスリムの賛同は得られません。「イスラム国」などによるテロが起こるたびに、世界各地の多くのムスリムはテロの犠牲者を悼み、イスラームの教えと過激派の行為とは何の関係もないと訴えています。しかも、大勢のムスリムもテロの犠牲になっています。

ジハードに参加する者は緑園、すなわち天国に行けるとイスラームでは教えていますが、ではテロは果たして本当にジハードなのか、という疑問が起こります。

「イスラム国」などの過激派にとっては、テロもジハードなのでしょうが、一般的なムスリムはおそらくテロをジハードとは考えていないでしょう。ムスリムの大半がテロもジハードと考えるようになってしまったら、世界はますます混迷し、国際情勢はいっそう危うくなってしまいます。

時代はずっとさかのぼって七世紀前半。ムハンマドが亡くなったあと、信者たちは自分たちの指導者を選挙で選びました。この指導者がカリフで、本章ですでに書いたように、ムハンマドの後継者、あるいは代理人に当たります。

選挙で選ばれたカリフを「正統カリフ」といい、正統カリフは四人続きました。この正統カリフ時代にイスラームはいっそう拡大し、アラビア半島の外にまで支配地域を広げ、東ローマ帝国からシリアとエジプトを奪い取っています。「イスラム国」はこのころの栄華を取り戻したいのかもしれません。

カリフという存在はオスマン帝国の皇太子、アブデュルメジト二世をもって終わりを告げました。今から百年近く前、一九二四年のことです。「イスラム国」はそのとき以来のカリフの復活をめざしているようです。

もしも仮に「イスラム国」がカリフ制を復活させ、それなりに憲法や国際法を整え、よりいっそう国家の体をなしていったとすると、西洋的な民主主義国家とどう対峙するのか。近代的な国家同士がせめぎ合いながらも、なんとか安定した国際社会を築いてきたこの数十年の歩みにさらなる大きな打撃と混迷を与えることにならないか。「イスラム国」の台頭に対して、そうした懸念を西側諸国は抱いているわけです。

イスラームが日本に広がらない理由

世界中で十六億人もの人たちが信仰しているイスラームですが、ムスリムの日本人はごく少数です。

近年でいえば、イスラーム過激派の影響で、イスラームに対する印象はあまりよくありません。そのことも日本人のムスリムの少なさに影響を与えているかもしれませんが、歴史的にもイスラームは日本人にあまり受け入れられてきませんでした。

第2章で、日本にキリスト教が普及しなかった理由を書きました。聖書に書かれている話が日本人には実感しにくいこと、原罪の考え方が馴染みにくいこと、厳しく荒々しい側面を持つヤーヴェという神に抵抗があることなどを理由として挙げました。

では、イスラームはどうして日本で、今に至るまで普及していないのでしょうか。理由はやはりいくつか考えられます。

「日本人は東洋人だから」と思う人もいるかもしれませんが、インドやインドネシア、マレーシア、ブルネイなどには、イスラームは普及しています。インドの歴史を振り返ると、デリー・スルターン朝（一二〇六～一五二六年）や、ムガル帝国（一五二六～一八五八年）といったイスラーム王朝が栄えた時代もあります。

日本にイスラームが普及しなかった理由の一つに、イスラーム諸国と地理的に遠いことが挙げられます。イスラームが生まれた遠くアラビア半島から陸づたいに伝わる場合、〝中国〟という大きな壁があります。もちろん、その中国は時代によって唐だったり、宋だったり、元だったり、明だったり、清だったり、あるいは現在の共産党支配下の中国だったりしますが、いずれであっても、大きな壁として存在しています。

先述のとおり、インドはイスラーム化されたことがあるし、インドには今も一億六千万人ものムスリムが住んでいます。

しかし、中国がイスラーム化したことはありません。それどころか、今の中国などはウイグル自治区に住むムスリムたちに弾圧を加えています。となると、中国がいわば防波堤になって、日本にイスラームが届くのを防いでいた（あるいは、妨げていた）といえそうです。

ほかの理由としては、日常習慣が日本とイスラームとではかなり違うことが挙げられます。たとえば、五行（信仰告白・礼拝・断食・喜捨・巡礼）の断食など、日本人にはなかなか受け入れられないでしょう。

日本は豊かな海と森に恵まれ、四季のある国です。その自然環境によって育まれた感性や文化の蓄積があります。

一方、イスラームなどのセム的一神教は砂漠で生まれた宗教です。土台の環境があまりに違うため、育まれた感性や文化は大きく異なります。

それに、日本人は厳しいことを嫌がる傾向があります。白黒はっきりさせることもあまり好まず、「まぁまぁまぁ」といったよい加減で治める文化もあります。いい加減だから、初詣は神道で、葬式は仏教で、クリスマスはキリスト教で、といったことが平気でできます。規律は守る国民性ですが、つらいことや抑圧されるようなことは好まない国民性でもあります。

そして、来世よりも今のこの生を謳歌したい欲求を強く持っています。人生の楽しみの多くを否定し、放棄して、どうして今さら天国への切符を手に入れないといけないのか、と多くの日本人は思うでしょう。

ちなみに、エロ文化もイスラームでは認められません。江戸時代の春画から現代のアダルトビデオまで、日本ではエロティックな文化が花開いています。明治時代などに、厳しく規制された時期はありますが、今なお、手を替え品を替え、日本のエロ文化は生き残っています。この文化もイスラームでは厳禁です。

キリスト教が日本に普及しなかった理由の一つに、ヤーヴェが厳しく荒々しい側面も持っていることを挙げました。ということは、アッラーも同じ神ですから、アッラーも厳しく荒々しい側面を持っているということです。多くの日本人には向かない神様なのでしょう。

日本はイスラームとどうつき合うべきか

二十一世紀になって、グローバル化はますます進んでいます。そうした中にあって、日本のイスラーム諸国とのつき合い方は以前にも増して重要になってきました。

イスラーム過激派によるテロなどの犯罪行為は、確かにたくさん起きています。とはいえ、過激派はイスラームのごく一部です。大半のムスリムは過激派ともテロとも無縁です。そうでなければ、世界で十六億人もの信者がいて、今なお増え続けていることなどありえません。まずこれらの事実を改めて認識することが大切です。

日本はアメリカと同盟関係にあります。アメリカはアフガニスタンに侵攻し、タリバーン政権を崩壊させたり、イラクを攻撃し、サダム・フセイン政権を倒したりしています。「イスラム国」に対しても、アメリカやフランスなどは空爆を繰り返しています。しかし、日本はアメリカやヨーロッパ諸国とまったく同じ考えをもって、中東と向き合っているわけではありません。また、そうする必要もないでしょう。

イスラーム世界は日本と地理的に遠い位置にあります。歴史的、文化的にも決して近いわけではありません。日本は古代から主に中国からの影響を大きく受け、近代以降は欧米社会の影響を大きく受けていますが、イスラーム社会からの影響はそれほど大きいわけではありません。

一方、ヨーロッパは古くからイスラームと密接に関わってきました。近代以降はアメリカも密接に関わっています。欧米のイスラームとの関わりの中には、幾多の戦争もあります。日本は欧米諸国ほどイスラーム世界に密に関わってこなかったし、なによりイスラーム諸国と戦争をしたことがありません。第一次世界大戦で、日本は日英同盟の関係からイギリスと同じ連合国側につきましたが、オスマン帝国と直接戦ったわけではありません。直接的には、イスラームと争った歴史はないのです。その日本がすべてにおいて欧米に追従する必要などないはずです。

日本は宗教に対して寛容な国です。明治時代に廃仏毀釈の嵐が吹き荒れたことはありますが、歴史的にはむしろ神仏習合が伝統でした。現在も日本には多くの神社と寺が共存しています。キリスト教の教会も数多くありますし、教徒は少ないとはいえ、イスラームのモスクも、日本にはあります。

日本は憲法で信教の自由を保障しています。どの宗教を信じてもいいし、どの宗教も信じなくてもいいし、途中で信仰を変えても構わない。礼拝をしてもいいし、しなくてもいい。布教活動をしてもいいし、しなくてもいい。そうした自由が保障されています。

信仰は尊重されるべきです。神道にも仏教にもキリスト教にもイスラームにも、ほかのさまざまな宗教にも、反社会的でない限り、敬意を払う。自分の信仰を尊重してもらうと同時に、他人の信仰も尊重する。それが日本人のあるべき姿のように思います。

アメリカやヨーロッパ諸国の中東戦略に賛同できるところもあるでしょうが、意見を異《こと》にする部分も多くあるでしょう。そのことを中東諸国、イスラーム諸国にはっきり伝えることが大切ではないでしょうか。イスラーム諸国とは遠い位置にあって、さまざまな宗教を尊重する日本であれば、できないことではありません。

日本はテロを行なう過激派に対しては断固とした対応をとるとしても、平和的なイスラーム諸国に対しては友好的、対話的に接するというメッセージを積極的に発信していったほうがよいし、そうすることができる立場にあるといえるでしょう。

イラン革命の持つ意味

イラン革命（イラン・イスラーム革命）という革命があったことを覚えている人もいると思います。若い読者なら、学校の歴史の授業で習ったかもしれません。

このイラン革命はイスラームを考えるにあたって、かなり重要です。少し振り返ってみましょう。

イランは一九三五年に国号をペルシャからイランに変更しました。一九六三年からは、国王パフレヴィー二世（パーレビ二世）が白色《はくしょく》革命と呼ばれる上からの近代化を推し進めます。

その内実は脱イスラームであり、西洋化でした。この近代化には、アメリカが支援をしました。

しかし、近代化による格差の拡大や西洋化に対する反発が高まります。アメリカ追従路線にも反発が高まり、デモや暴動が多発。一九七九年、ついにパフレヴィー二世は亡命しました。

代わって成立したのが、今日まで続くイラン・イスラーム共和国です。イスラームのウラマー（法学者）、ホメイニが実権を握り、政教一致の政策をとりました。前政権のパフレヴィー二世はアメリカと懇意でしたが、ホメイニ率いるイランはアメリカと反目し合いました。パフレヴィー二世は脱イスラームによる近代化、欧米化を図っていましたが、ホメイニはその流れを断ち切り、イスラーム復興に大きく舵を切ったことになります。国民の多くも、ホメイニを支持しました。

この一連の動きがイラン革命で、この革命はイランにおけるイスラーム復興運動でもありました。

イラン革命の拡大を恐れたアメリカは、イラクのサダム・フセイン政権に軍事援助をし、フセインはさらに大きな権力を持つようになります。さらに一九八〇年、アメリカなどの支援を受けたフセイン政権はイランに侵攻し、ここにイラン・イラク戦争が勃発します。

ところが先述したように、そのフセインはのちにアメリカによって倒されます。考えてみると、アメリカはフセインを勝手に育てて、勝手に倒したようなものです。アメリカにはやはり、なんとも荒っぽいところがあります。

パフレヴィー二世については、興味深いことがあります。それはパフレヴィー二世は近代化や欧米化だけを推進していただけではなく、念頭には、イスラーム以前のイランも想定していたことです。

イスラーム以前といえば、この地がペルシャ帝国だった時代です。つまり、パフレヴィー二世はペルシャ帝国の再現を目標にしていたようなのです。

イランはイスラームの正統カリフ時代に入る前は、ササン朝ペルシャの時代でした。二二四年から六五一年まで続いたササン朝ペルシャでは、ゾロアスター教が国教でした。それ以前のパルティア王国（紀元前二四八年ごろ〜二二四年）とアケメネス朝ペルシャ（紀元前五五〇年〜紀元前三三〇年）でも、ゾロアスター教が信仰されていました。これらの古代ペルシャ帝国はいずれも広い版図《はんと》を持つ大帝国でした。また、開祖のゾロアスターはペルシャ（イラン）生まれです。

考えてみると、イスラームはアラビア半島（現在は大半がサウジアラビア）で始まった宗教です。イランは元来、関係ありません。しかし、イスラーム勢力はペルシャにまで進出し、ついにはササン朝ペルシャを滅ぼしました。古代ペルシャ帝国の再現をめざしたパフレヴィー二世は、もしかしたら反イスラームの思いが強かったのかもしれません。

イスラームと聞くと、ずいぶん古い宗教で、大昔の教えのように思う人もいるかもしれませんが、イスラームはゾロアスター教やユダヤ教、キリスト教、仏教、ヒンドゥー教などより歴史の浅い宗教です。

こうした比較的歴史の浅いイスラームが今、世界の注目を集めています。そして信徒は、今も世界でどんどん増えています。グローバル化の影響などで世界が小さくなった昨今、イスラームをより深く正しく知ることは、私たち日本人にも今や必須といえるでしょう。

第6章

神がいない
仏教の
摩訶不思議

神の存在しない仏教は宗教といえるのか

仏教は一般的に世界三大宗教の一つに数えられます。ほかの二つはすでに見たキリスト教とイスラームですが、仏教はこの二つとも、あるいはユダヤ教とも宗教としての性格がかなり異なっています。つまり、仏教はセム的一神教とは、そうとうの隔たりのある宗教なのです。

違いはたくさんありますが、最も大きな違いは「仏教には神がいない」点です。

ユダヤ教にはヤーヴェ、キリスト教にはゴッド、イスラームにはアッラーという神がいます。これらはいずれも同じ神で、そのため、ユダヤ教、キリスト教、イスラームはセム的一神教というくくりでとらえることができるのは、ここまで見てきました。神が絶対の存在で、その神からすべてが始まっているような宗教であり、世界観でもあります。

アニミズム的な宗教にも、神のようなものは存在します。海、川、木、石、あるいは何かの動物……といったものが信仰の対象になることもあります。山岳信仰も日本をはじめ世界各地にあります。太陽を神として崇める信仰も、やはり世界各地にあります。

今では宗教とはいえなくても、たとえば古代ギリシャにも多くの神がいました。アポロン、アフロディテ、ポセイドン、ヘルメス、ディオニュソス……。神々は荒ぶることもあります。

人間には制御できない存在です。ヒンドゥー教のシヴァ神は破壊の神でもあって、やはり荒ぶる存在です。

たとえば、海が荒れていたとします。すると、漁に行けないし、もし行って嵐に遭ったら、命を落とすことにもなりかねません。

そういう場合、「海の神様が怒っている」と考えると、少しは心が落ち着くでしょう。「海の神様がお怒りだ。神様のお気持ちを鎮めよう、お祈りしよう」とか「われわれにはどうすることもできない。海の神様のお気持ちが収まるまで待とう」とか、そういう考え方をすると、気持ちは少し穏やかになるはずです。

天候不順が続いて、米や麦がとれない場合も同じです。大方、祈るか諦めるしか、手はありません。でも、そうすることで、やり場のない気持ちが多少は和らぐはずです。

反対に豊漁や豊作の場合は「神様のおかげ」であるとすることで、人知を超えた存在に感謝する心が芽生え、集落全体がまとまる効果も期待できるでしょう。

神という存在を設定することで、悪いときも良いときも、人は謙虚にも清らかにもなりうるのです。

ところが仏教には、その神が登場しません。人知を超越する存在は、本来の仏教には出てこないのです。仏教では、誰かや何かを崇めることもしません。この点、特異な宗教です。もっというと、「神の存在しない仏教は宗教といえるか」といった議論もあるほどです。

私はもちろん仏教も宗教であると考えますが、では仏教の教えとはどんなものか、より深く見ていこうと思います。

王子ゴータマ・シッダールタの苦悩から生まれた教え

仏教の開祖、ゴータマ・シッダールタは紀元前六〜紀元前五世紀ごろにシャカ族の王子として生まれました。十六歳で結婚し、后《きさき》と子供に囲まれ、王子として非常に恵まれた生活を送っていました。ちなみに「お釈迦《しゃか》様」という言い方はシャカ族に由来します。

シャカ族の首都、つまりシッダールタの故郷がどこにあったかは定かになっていません。ただ、現在のインドとネパールの国境付近であるといわれます。歴史的には、仏教は古代インドで誕生したと理解してよいでしょう。「仏教はインドで生まれた」と一般的に認識されているのは、このためです。

シッダールタは宮殿の中にいることが多かったようです。豪華な衣装を着て、贅を尽くした食事をしつつ、日々を過ごしていたシッダールタはある日、宮殿の外に出ます。

すると、そこには宮殿の中とはまるで違う世界がありました。みすぼらしくやせ衰えた老人、病んで腹の膨れた病人、横たえられた死人とそれを囲む人々……そこには、宮殿では見ることのない光景が広がっていました。

人は老い、病になり、やがて死ぬ。どうしてこのような苦しみがあるのか。どうしてこの世は無常なのか。……シッダールタは懊悩《おうのう》の日々を送るようになります。そしてある日、とうとう宮殿を抜け出し、家族や国を捨て、真理を求める旅に出るのです。シッダールタ、二十九歳のときでした。

師を求め、悟りを求め、旅を続けます。いく人かの師につき、断食などの苦行に励む求道《ぐどう》生活は六年にも及びました。しかしそれでも、最終的な悟りには至りません。

「今の修行生活が間違っているのではないか」。そう考えたシッダールタはついに苦行を捨て去ることを決意します。そして、川で身を清め、ひと息ついていると、村娘のスジャータが通りがかります。彼女は持っていた乳粥《ちちがゆ》をシッダールタに渡します。修行者であるシッダールタに恵んだのでしょう。

乳粥を受け取って食べたシッダールタは、体に気がみなぎるのを感じたことでしょう。体力を回復したシッダールタは菩提樹《ぼだいじゅ》の下で瞑想にふけります。その後、ついに悟りの境地に達しました。シッダールタ、三十五歳のときです。

こののち、シッダールタは「ブッダ（仏陀）」となります。ブッダは「目覚めた人」「真理を悟った人」の意味で、その意味からすると、シッダールタ以外にもブッダは存在することになります。

ブッダとなったシッダールタは、自分の考えを広めようと、布教活動を開始します。その後、実に四十五年間、八十歳で亡くなるまで諸国を巡り、布教を続けたといわれます。ブッダの教えはのちに「仏教」と呼ばれるようになりました。

こうして見てみても、ブッダの教えには神は登場しません。モーセやイエスやムハンマドのように、誰かから、あるいは何かから、言葉を授かってもいません。セム的一神教とは違い、ブッダの教えの根幹は「ブッダになることをめざすこと」といえそうです。

労働はせず、異性には興味を持たない

ブッダは家族も国も捨てて、旅に出て、修行を重ねました。悟ったのちも、四十五年もの間、布教を続けました。ではこの間、どうやって食べていたのでしょうか。

基本的には、ブッダは働きませんでした。となると、ますますどうやって食べていたのか気になりますが、ブッダたち修行者は喜捨、つまり施しを受けていたのです。一般の人たちはブッダのような修行者を見ると、「立派な方だ」と思い、施しをしました。ブッダもそうした施しを受けていました。村娘のスジャータがブッダに乳粥を渡したのも、喜捨の精神があったからでしょう。

庶民はブッダたちのような厳しい修行はできません。自分たち、個人の暮らしが大事です。そうした庶民からすると、修行を重ねる人は尊敬の対象でした。彼らは自分の代わりに修行

を積んでくれる人として、修行者を敬ったのです。

ブッダは異性に興味を持つこともありませんでした。ブッダはすでに結婚していて、子供もいましたが、出家して以降、異性に対する興味は持たなくなります。ブッダの弟子たちも、結婚しないで、独身を貫いています。

「労働しない」ことと「異性に関心を持たない」。この二つはブッダの基本的なメッセージです。

普通の人は、こうはいきませんね。働かないと食べられないし、異性に興味を持たないと、家族を持つこともできません。これでは、人としてのごく普通の暮らしを営むことができません。

ブッダのような修行の道に入ることは、決して容易ではありません。それは現在にもいえることでしょうが、二千数百年前のインドやネパールも同様だったでしょう。

有力者よりも遊女のお誘いを選んだ意味

ユダヤ教は基本的には民族を救済する宗教です。それに対して、キリスト教は個人を救済する宗教です。仏教も民族ではなく、個人を救済する宗教です。その点はキリスト教と共通します。

国家も関係ありません。ところが、日本に入ってきた仏教は当初、鎮護国家のために利用されました。奈良時代、平安時代、鎌倉時代と、基本的にはこの流れは変わりません。「国を守る宗教」としての仏教でした。

しかしブッダは、国がどうしたとか、民族がどうしたとか、そのようなことは言ってはいません。個人の生き方について言及しているのです。

ブッダはカースト制も関係ないとしています。ブッダの時代にはすでにカースト制がありましたが、ブッダはカーストの最高位であるバラモン（僧侶・司祭）の権威を認めず、階級制度にとらわれていませんでした。

あるとき、ブッダは遊女から食事に招かれます。ところが、同じ土地の有力者からもお誘いを受けてしまいます。遊女をとるか、有力者をとるか。普通なら有力者からのお誘いを優先させるでしょう。

ところが、ブッダは遊女を選びました。「先約がありますから」といった調子で、有力者の誘いを断わったのです。階級、身分、性別などで人を区別しないブッダの思想を垣間見ることができます。

この世で苦しみを味わっている人に自分の教えを伝えたい。これがブッダの基本姿勢です。このようなことを今の時代の日本で言うのはたやすいことですが、カースト制が幅を利かせていた時代に身分などにとらわれない思想を持ち、その思想を実践したブッダは革命的な人物であったといえます。

この世は苦しい

ブッダは王子時代に宮殿を抜け出して、庶民の苦しむ姿を目の当たりにしたと書きましたね。みすぼらしくやせ衰えた老人、病んで腹の膨れた病人、横たえられた死人とそれを囲む人々……これらはまさに苦しみです。生きることのつらさが、そこにはあります。

「老苦《ろうく》」「病苦《びょうく》」「死苦《しく》」、そしてこの世に生を受け、生きることの「生苦《しょうく》」。これら四つの苦を仏教では「四苦」といいます。

さらに、愛する人と別れる苦しみである「愛別離苦《あいべつりく》」、怨《うら》み憎んでいる者に会わなければならない苦しみである「怨憎会苦《おんぞうえく》」、求めるものが得られない苦しみである「求不得苦《ぐふとくく》」、肉体や精神に生じるあらゆる苦しみである「五蘊盛苦《ごうんじょうく》」の四つの苦しみを加えて、「四苦八苦」といいます。

「四苦八苦」は、今の私たちも「非常に苦しいこと」の意味で使うことがありますね。「四苦八苦したけれど、納期になんとか間に合った」などといった使い方で。この言葉のもとは仏教用語で、本来の四苦八苦を見ると、まさに「非常に苦しいこと」であることがわかります。

また、古代インドには輪廻転生《りんねてんしょう》という思想があります。すべての生き物は永遠に生死を繰り返すという考え方です。

「六道《ろくどう》輪廻」の思想もあります。六道は六種類の迷いある世界のことです。「天道《てんどう》」「人間道《にんげんどう》（人道《じんどう》）」「修羅道《しゅらどう》（阿修羅道《あしゅらどう》）」「畜生道《ちくしょうどう》」「餓鬼道《がきどう》」「地獄道《じごくどう》」が六道です。六道はより古い時代には、修羅道を除いて五趣《ごしゅ》、あるいは五道といったようです。

たとえば、餓鬼道は常に飢えと渇きに苦しむ亡者の世界です。地獄道は生前の悪行の種類や度合いによって、いろいろな責め苦を受ける世界です。どちらも絶対に避けたい世界ですね。

人間道は人間として存在する世界ですが、ここには四苦八苦があります。老いも病も愛する人と別れる苦しみもある。やはりよい世界には思えません。天道は人間道より苦の少ない世界ですが、とはいえ、迷いや死の苦しみもあります。

つまり、この世界はすべて苦しい。その苦しい世界から逃れることができないのが輪廻の思想です。

古代インド人は死ぬのが怖い以上に、生が輪廻して、続いていくことのほうがより恐ろしかったのでしょう。それほどに、生きることがつらい状況があったのだと思います。

輪廻を終わらせたい

日本人の感覚からすると、こうした輪廻思想は馴染みにくいかもしれません。というのも、「死んでも、また生まれ変わるんだから、いいじゃない」とか「まぁ、私は天道は無理でも、せめて人間道に生まれ変わるだろうな」とか、少し楽天的に考える傾向があるからです。

しかし、古代のインド社会は大変でした。飢餓や疫病など、四苦八苦がそこここに溢れていた世界だったのです。

とはいえ、同じ大昔の世でも、エジプト人は違う考え方をしたようです。古代エジプトでは、一度、死んでも、もう一度この世に還《かえ》ってくることを願いました。古代エジプト人は魂が再生することを願ったのですから、古代インド人とは対照的です。

さて、四苦八苦、あるいは輪廻から逃れるためには、どうしたらよいのか。それには「解《げ》脱《だつ》」することです。

解脱とは、輪廻の輪から抜け出すことです。あるいは、輪廻の輪を終結させることです。ではどうやったら、輪廻の輪から離れられるか。それには悟りを得て、目覚めることです。煩悩をなくして、真理を悟るのです。そうすれば、輪廻との関わりを終えさせることができると、ブッダは説きました。個として解脱をめざす。それが仏教の本質の一つです。

解脱に似た言葉に「涅槃《ねはん》」があります。古代インドの文章語であるサンスクリット（梵語《ぼんご》）では「ニルヴァーナ」といいます。

「涅槃に入る」は亡くなることも意味しますが、本質的には単に死ぬことではなく、煩悩を断じて、絶対的な安らぎの世界に入ることです。解脱することで、初めて涅槃に入り、安楽の世界に身を置くことができるのです。涅槃は、妬《ねた》みも恨みもなく、欲望からも離れ、慈悲の気持ちに満たされたような世界なのです。

身分や立場を超えた切磋琢磨

ブッダの弟子には、さまざまな人たちがいました。女性もいたし、最上層のバラモン階級に属す人から最下層に位置するシュードラ階級に属す人まで、幅広い階層の人がいました。人が集まって、切磋琢磨しながら、悟りへの道を歩んでいく。この考えは「サンガ」へとつながりました。

サンガというのは僧の集団のことで、やがて仏教教団になりました。教団といっても、キリスト教の教会とは性質がだいぶ異なります。

個人で修行するよりグループで学び合いながら自分を高めていくことをブッダは志向したのでしょう。そのためにサンガをつくったと理解したほうが適切です。互いに高め合いながら個として解脱をめざす場がサンガです。

ブッダの教えには絶対の存在はありません。神はいないし、ブッダ自身が神のような存在でもありません。ブッダがサンガの統治者になることもありませんでした。

ブッダとしては、ひたむきに修行すれば、みんなも解脱することができるんだよ、という思いだったのではないでしょうか。そのためには、集団で励んだほうがよりいいよ、と考えたのでしょう。いわば「チーム悟りへの道」といったところです。そうした集団をブッダが結成したのです。

サンガは労働をせず、異性に興味も持たず、禁欲的な生活をしていました。一般的な幸福を求めている人ができる暮らしではありません。ただ、一般的な営みをしている人たちからすると、解脱を求め、修行に励んでいる人たちはありがたい存在に見えたのでしょう。だから、彼らは修行僧に喜捨をしたのです。

この世のすべては「縁起」で起こる

ブッダの思想は、古代インドの思想の流れの中で理解するとわかりやすい点があります。「ウパニシャッド」という古代インドの宗教哲学書があります。ウパニシャッドはバラモン教（ヒンドゥー教の母体、詳細は第8章参照）の奥義書でもあり、輪廻転生の思想もウパニシャッドで説かれています。ウパニシャッド哲学はインド思想の出発点といえます。

ウパニシャッド哲学は宇宙の根本原理である「ブラフマン」の存在を認めます。ブラフマンに対し、個人の中にある根本原理は「アートマン」です。

ウパニシャッド哲学では、アートマンをブラフマンと一体化することを根本の課題に据えていました。個人の根本原理を宇宙の根本原理に一致させることが、究極の課題だったのです。ブラフマンは「梵《ぼん》」、アートマンは「我《が》」ともいうため、ブラフマンとアートマンが一体化することを「梵我一如《ぼんがいちにょ》」といいます。

ところがブッダは、ブラフマンには関わらなくてよい、と言いました。宇宙がどうなっているかなどに関わることなく、私たちが生きているこの世界がどうなっているかを知り、苦しみの輪廻から解放されることこそ大切であると、ブッダは説いたのです。梵我一如もどうでもよいことになります。ブッダのこの思想は当時、かなり画期的で、思想の大きな転換になりました。

宇宙の根本原理と自分を一体化させることをめざさなくてよいとなると、解脱への道のあり方が根底から変わります。

ブラフマンとアートマンから離れたブッダは、「縁起《えんぎ》」ということを考えます。

縁起とは「縁《よ》りて起こる」ことで、ブッダはこの世のすべては縁起で発生すると考えました。この考えが縁起説です。

『はじめてのインド哲学』（立川武蔵著、講談社現代新書）には「縁起説の眼目は、現象世界の成立や構造をブラフマンのような根本原理からではなく、世界の構成要素が相互に依存関係にあることを基本として説明することにあった」とあります。

この世界は相互依存的にできている。AがあるからBがある、BがあるからCがある、ということでもあるし、AがないとBはない、BがないとCはない、ということでもあります。さらには、AがあるからCがあり、AがないとCはない、ということでもあります。AがないとBやCはないということになると、原因であるAを止めると、BやCは起こりません。

人生が苦であることの原因も、ブッダは縁起でとらえました。そして、その根本には「無《む》明《みょう》」があるとしました。無明とは、無知や正しい知の欠如のことです。

人は無明であるために惑い、物事にも執着《しゅうじゃく》する。執着するから、苦しむ。

ブッダは縁起説で、因果をさかのぼって、無明に辿り着き、その無明を滅することを説きます。そうすることで苦しみから解放され、解脱することができると考えたのです。

物事は関連して起こり、一定するものではない。これは「無常」の考えにもつながります。さらに、この世のものはすべて変化し、不変・一定のものはないとする「諸行無常」の考えにも通じます。

「すべての物事は移り変わっていく。常ならない。だから、あなたたちは怠ることなく修行しなさい」。ブッダは最期、このような言葉を残して亡くなったといわれます。

思いどおりにならない苦しみを消す方法

ブッダは「執着するな」とも説きます。自分の思いどおりになることなど何もないのに、人は何事も自分の思いどおりにしようとする。しかし多くは、自分の思いどおりにならない。だから、苦しむと考えたのです。

心が物事にとらわれる「執着」。生、健康、お金、地位、名誉、今の栄光、かつての栄光、今の恋人、かつての恋人……。すべて執着の対象になります。

仏教では「愛」も必ずしもよい意味でとらえていません。愛着《あいじゃく》は執着に通じます。恋人への愛、子への愛、親への愛、ペットへの愛……。愛が強く、その対象に執着すると、自分自身も苦しむし、相手を傷つけてしまうこともあります。

現代でわかりやすい例としては、ストーカーが考えられます。その人が気になって仕方がなく、苦しむ。好きでたまらなくなって、その人につきまとう。こうしたストーカーになる人の心理や行為は、まさに愛着が起こすものです。

好きな女性に振られて、激しく落ち込んでしまう男性もいます。生きる希望を失ってしまった。そう思って、絶望してしまう人もいます。それもやはり、執着しているからと考えることができます。

ブッダは絶世の美女を紹介されて、この人と結婚したらどうか、と言われたことがありました。そのとき、ブッダはその美女を「糞尿の塊」と言ったといいます。

「糞尿の塊」はさすがに言いすぎとしても、絶世の美女だろうが、ブッダにとっては執着する対象ではなかったのでしょう。

執着しない、欲望も持たない。愛欲という欲望を捨て去ることも大事な修行です。異性に執着しなくなると、異性に心を奪われることも、異性に惑うこともなくなる。惑うことがなければ、苦しむこともない。四苦八苦から少し遠ざかることができます。

そもそも仏教は、一般的な幸せを求める教えではありません。「幸せになろうよ」とは、ブッダはひと言も言っていません。

幸せのとらえ方はさまざまでしょうが、たとえば、仕事があって、ある程度のお金があって、妻や夫、子供に恵まれ、毎日、笑顔でいられる暮らしなどは、多くの人がイメージする幸せの形だと思います。しかしブッダは、こうした幸せをめざそうなどとは、いっさい言っていないのです。なにしろブッダは、労働も異性への興味も戒めたのですから。

ただ、惑い苦しんでいる人が解放される術《すべ》は説いています。そうして考えると、ブッダの教えは、特に苦しいこともなく、取り立てて救いを求めてもなく、幸せに暮らしている人にとっては、必要ではないのでしょう。

だから、ブッダ自身も、自分の教えを押し売りするようなことはしませんでした。来た者には教えるけれど、無理に説くようなことはしない。弟子たちも、ブッダの教えをみんなに広めようという気持ちはそれほど強くなかったはずです。そうした点、強力に布教し、拡大していったキリスト教やイスラームとは異なります。

古代インドで始まった仏教ですが、十三世紀の初めには、インドの仏教はいったんほぼ消滅したといわれます。現在のインドにも、仏教徒は少数しかいません。絶対的な存在である神がいないこと、強力な布教力を持たないことも影響していると思います。ブッダであれば、そんなことに執着するな、と言いそうですが。

A面とB面で考えるブッダの教え

ブッダの教えには、大きくいうと、二つの面があります。一面は理論、もう一面は体験です。理論をA面、体験をB面とすると、仏教はA、B両面から成り立っているといえます。たとえば四苦八苦、縁起というのはA面の理論です。涅槃に到達するための八つの道（方法）である「八正道《はっしょうどう》」をブッダは示しています。この八正道も理論といえます。一方、実際に修行するのはB面の体験です。

頭で理屈をしっかり理解し、その上で自ら実践する。この両面がそろったとき、ブッダの教えは本当に身につくのだと思います。

ブッダ自身も、このA、B両面を備えた人でした。自ら修行を重ね、悟りの境地に達し、それを理論化したのです。

日本人は自ら「悟ったぞ」とは、なかなか言いませんね。でもブッダは、悟りの境地に達し、そう言ったわけです。「私は煩悩から解き放たれ悟った。解脱した。輪廻は止められる」。そのようなことを言ったわけです。

そして、ブッダはそれを体系化し、理論化しました。すると、弟子たちにも解脱する人たちが出てきました。

アーナンダというブッダの弟子がいます。二十五年もの間、従者としてブッダに仕え、一字一句、誤りなく伝えることのできるほど、ブッダの言葉を完璧に覚えたと伝わります。理論をしっかり理解した上で、記憶していたのでしょう。ブッダの教えが後世に伝えられ、残っているのは、アーナンダの功績が大きいのです。

ただアーナンダは、B面の体験が苦手だったようです。修行し、実践し、悟りに達することがなかなかできませんでした。悟りの境地に達するのは、ブッダが亡くなったあとだったといわれています。

有名な『平家物語』にも、仏教のA、B両面、とりわけB面に関わる部分があると私は思っています。

たとえば「敦盛《あつもり》の最期」があります。平家（平氏）は一ノ谷の戦いで源氏に敗れ、船に乗って海へと逃げます。源氏方の熊谷次郎直実《くまがいじろうなおざね》は馬を走らせ、平家軍を追っていました。「平家の身分の高い武将を討ち取りたい」と考えていたわけです。

そうした中、一人の武者の背中が目に入ります。「敵に背中を見せるとは卑怯な。戻られよ」。直実は叫びます。武者はこれに応え、正々堂々と相対しました。

ところがこの武者、自分の息子と同じくらいの年に見える若者でした。直実は忍びなくなり、どうにか助けたいと思います。しかし、味方の加勢が迫ってきます。自分が逃がしたところで、ほかの誰かに討ち取られる。ならば、自分が……。直実は泣く泣くこの若武者の首を切り落としたのでした。

のちに、この若武者は平清盛の弟である平経盛《つねもり》の息子、平敦盛であることがわかりました。年は十七。そのことを知った直実は出家して、敦盛の供養をしようと強く思ったのです。

これが「敦盛の最期」の概略で、直実はのちに実際に出家しました。

直実は、世の中が無常であることをつくづくと実感したのでしょう。まさに『平家物語』の有名な出だし、「祇園精舎《ぎおんしょうじゃ》の鐘《かね》の声、諸行無常の響《ひびき》あり。沙羅双樹《しゃらそうじゅ》の花の色、盛者必衰《じょうしゃひっすい》の理《ことわり》をあらはす」どおりです。

直実はいわばB面の体験をした。それで、仏門に入ることを思い立ち、決意し、実際に出家した。ブッダの教えを体現した格好で、諸行無常の観点でいえば、一種の悟りを得たのだと思います。

「無常」を学べる機会は日常にもある

すべての物事は常ではない。移り変わっていく。だからこそ、怠ることなく、修行することが大切なのだ。……このことをわからずにいると、苦しみを生むことにもなります。

かつてのバブル経済の波に乗って、一儲けすることができた人を例にしてみます。その人のもとには、三〇〇〇万円が一気に入ってきました。でも、知り合いには一億円稼いだ人もいる。俺だって、もっと……。彼はそう思って、株にギャンブルにと、どんどんお金をつぎ込みました。その結果、残ったのは五〇〇〇万円の借金。時はすでにバブル崩壊。妻子には逃げられ、家庭も崩壊。返済できる目処《めど》もまるで立たず、自暴自棄になって、自殺を考える日々……。これなど、諸行が無常であることをまったく理解できず、目の前の現象に振り回され、人生が破綻してしまった例です。

一方、縁起や諸行無常を真に理解すると、ぶれない人間になるでしょう。動揺せず、憂えず、浮かれもしない。人生のどん底に落ちても、そもそもこの世が無常であることを頭と体両方で理解していれば、常ならないのだからと、ふりかかった現状をそのまま受け入れることができるようになるからです。

『平家物語』の熊谷次郎直実ほどではなくても、人は仏教のB面のような体験をすることがあります。そして、その体験は人を成長させてもくれます。

たとえば、大学受験に失敗して、志望校に落ちたとします。一所懸命勉強し、試験に臨んだのに、わずかのところで合格点に達しなかった。すると、いろいろ考えるでしょう。何がいけなかったのか。何のために勉強していたのか。この一年は無駄だったのか。そもそも、どうしてその学校を志望したのか。

その結果、浪人という選択を選ぶ人もいるでしょうし、合格したほかの大学に進学することを選ぶ人もいるでしょう。あるいは、進学せずに仕事に就くことを考える人もいるでしょう。どういう選択をするにせよ、「一所懸命勉強したこと」は無駄にはならずに、その人を成長させるのではないでしょうか。

「浪人してよかった。精神的にはきつかったけれど、大事なことを学べたように思う」。浪人して進学した人の中には、そのように言う人も少なからずいます。こうした人は、縁起や無常の一端を、体験を通じて体ごと理解したといえるかもしれません。

ずれてしまった教え

宗教は広まるにつれて、開祖の思いとはズレが生じてきます。仏教でも、そうしたズレは生じました。しかも、ズレは当初から生じてしまいました。
二十五年もの間、ブッダに仕え、その言葉を最も多く記憶していたといわれるアーナンダにして、すでにブッダの教えとは異なったことをしています。
『仏教とは何か』（山折哲雄著、中公新書）から一部を引用します。前半の「アーナンダよ。お前たち～」の箇所は、中村元《はじめ》氏が訳した『ブッダ最後の旅』から山折氏が引用しています。

アーナンダよ。お前たちは修行完成者（＝ブッダ）の遺骨の供養（崇拝）にかかずらうな。どうか、お前たちは、正しい目的のために努力せよ
（中村元訳『ブッダ最後の旅』岩波文庫）

要するに、葬式と遺骨崇拝に心をわずらわせるな、といっている。遺体を焼いて、そのあとで骨を拾ったり供養の対象にしたりする必要はないとさとしている。なぜなら大事なことは、「正しい目的」のために努力することだけだからだ……。

葬式や遺骨などに関与するな、とブッダはアーナンダに言っていたのです。私の死ではなく、自分自身、君たち自身の修行を大切にしなさい、ということです。
ところが、アーナンダはこの教えを守りませんでした。ブッダの遺骨を大事にして、供養

したのです。そして、その遺骨をみんなで分け合いました。

アーナンダをはじめとした弟子たちとしては、あまりに偉大な人物が亡くなったという思いが強かったのでしょう。その尊敬する人物が「かかずらうな」と言っても、どうにも放っておけなかったのだと思います。だから、遺骨を大事に扱い、供養して、みんなで分け合った。実は、このことが遺骨の供養を中心とする葬儀の原型になったのです。

今の日本では、人が亡くなると、その人を火葬し、遺骨をお墓に納めて、供養しますね。そのもとは二千数百年前のブッダの死に原型の一つがあったことになります。しかもそれは、ブッダの教えを破ったアーナンダの行為が原因だったということです。

日本の仏教は「葬式仏教」としばしば批判されますが、こうして見ると、葬式仏教の原型もすでにブッダの死とともに始まったことになりますね。

ブッダが亡くなり、数百年経った一世紀末から二世紀初頭にはブッダを模した像、すなわち仏像がつくられるようになります。やがて、つくった仏像を拝んで、「どうかお願いします」などと頼み事までするようになります。

こうした光景は日本でもよく見られますが、本来の仏教の教えからは、遠く離れた行為であることがわかります。なにしろ、修行して、個として解脱をめざすことがブッダの教えの本質なのですから。

こうやって、本来の教えとはどんどんずれていった仏教ですが、そうしたズレによって生まれた仏像などがあったことで、仏教が広まっていったともいえます。

崇拝すべき神がそもそもいない上に、仏像などの偶像もなく、ただ、修行をして解脱をめざしなさい、と言われても、その宗教はなかなか庶民に広まらないでしょう。

しかし、そこに仏像があると、拝む対象、祈りの対象ができます。心のより所にもなる。しかも、拝むこと、祈ることは難しくありません。一般の人も仏教に近づきやすくなる。これが、仏教が広まる力となったのでしょう。

日本での仏教の普及においては、奈良の大仏（東大寺盧舎那仏像《とうだいじるしゃなぶつぞう》）が果たした役割は非常に大きかったと思います。悟りを開いた仏様が大きな像となって、見守ってくださっている。その安心感たるや、とても大きかったでしょう。

とすると、さかのぼれば、アーナンダがブッダの教えを破って、ブッダの遺骨を供養し、みんなで分け合ったために、日本にも仏教が伝わり、根づいたといえるかもしれません。

ブッダの教えからずれていった仏教ではありますが、もちろん、ブッダの教えのすべてが抜け落ちたわけではありません。質や形が変化した部分も含めて、仏教は広まっていったのです。

第7章

変わる仏教、変わらない仏教

ナーガールジュナの「空」とは？

仏教の歴史を見ると、大きな転機がいくつかあります。そのうちの一つ、ナーガールジュナの思想を見てみます。

ナーガールジュナは二〜三世紀の南インドの人で、バラモン出身だったようです。漢名は龍樹《りゅうじゅ》（竜樹《りゅうじゅ》）です。

ナーガールジュナは大乗《だいじょう》仏教の理論を完成させました。ブッダが亡くなったあと、仏教教団はいくつかのグループに分かれました。いろいろなグループがありましたが、ブッダの教えを忠実に守ろうとする上座部《じょうざぶ》と、進歩・改革派ともいえる大衆部《だいしゅぶ》に大別されます。

その後、紀元前後に大衆部の影響を受けて大乗仏教が生まれました。日本に伝来した仏教も大乗仏教で、中国、朝鮮を経由して入ってきました。

一方の上座部の流れは上座部仏教になり、スリランカ、ミャンマー（ビルマ）、タイ、ラオス、カンボジアなどに伝わりました。サンガ（仏道修行者の集団）は、上座部仏教にはっきりと今も生きています。

上座部仏教はかつて小乗仏教といわれましたが、これは大乗仏教側から見た蔑称です。大乗は「大きな乗り物」の意味で、上座部仏教は「小さな乗り物」だとして批判したのです。

大乗仏教側は出家した修行者だけでなく、大衆の救済も説くとして大きな乗り物＝大乗と称したわけです。

その大乗仏教の中核になるのは「空《くう》」の理論です。空はブッダも唱えましたが、ナーガールジュナがその理論にいっそう磨きをかけました。

空とは「実体がない」ことです。あるいは「膨れ上がって、中身が空っぽ」の状態です。「存在している」ことも「ある」ことも、単なる現象であるととらえます。すべてのものに実体はない。それが「空」です。

空はサンスクリットでは「シューニャ」。シューニャには、数字の0《ゼロ》の意味もあります。0の概念はインドで生まれました。その0と空が同じシューニャで表わされます。

0は無意味なわけではありませんね。XとYの座標軸に0は不可欠ですし、たとえば、2016とそこから0を取った216では意味がまるで違います。それと同じように、空が無意味なわけではありません。

生まれたばかりの赤ん坊も年をとり、老いて、必ず死にます。新築の家も、次第に老朽化し、いずれは朽ち果てます。繁栄を誇っていた国も、時が経つと見る影もないほどに没落することがあります。諸行無常の世界です。無常であるということは、今、見えている現象に実体がないということでもあります。しかし、やはり無意味ではない。意味はあります。

この世のいっさいは実体がなく、仮の事物なのだ。存在はするけれど、仮の事物で、無常である。そうであれば、その現象に惑わされるな、ということです。こだわらず、執着せずに、清らかな目で物事を見なさい、生きなさい、ということです。それが「空」です。

この空の理論をナーガールジュナが育て、縁起説と空論を理論的にまとめ上げたことで、大乗仏教は大きな発展をとげました。

日本仏教の〝ごく静かな宗教改革〟

仏教史を考える上で、仏典が漢字に訳されたことの意味は決して小さくありません。仏典はもともとサンスクリットやパーリ語で書かれていました。パーリ語は上座部仏教の仏典で用いられた言語です。そうした仏典を鳩摩羅什《くまらじゅう》（クマーラジーバ、三四四〜四一三年）や、小説『西遊記』の三蔵法師としても知られる玄奘《げんじょう》（六〇二〜六六四年）などが漢訳しました。鳩摩羅什と玄奘は二大訳聖といわれます。

彼らの能力、労力、努力は並大抵ではなく、敬意を表したくなります。おかげで、中国に仏教が広がり、定着することにもなりました。さらには、日本に仏教が広がり、根づくことになるのも、まずは漢訳されていたからです。

六世紀半ばに日本に仏教が伝来して以降も、遣隋使や遣唐使が中国（隋、唐）に渡り、仏教を学んだことで、仏教は日本により深く根づくことになりました。鳩摩羅什たちが漢訳した恩恵を日本も受けているわけです。

しかし一方、日本人の立場で考えると、仏典が漢訳されたことによる不利益もあります。それは、簡単にいうと、中国流の仏教になってしまったことです。中国を経ることで、ブッダの教えに儒教や道教も入り込み、混じってしまった面もあります。出所《でどころ》のまるで異なる儒教と道教が仏教に入ってしまい、本来の仏教とは違った性質も帯びてしまいました。

さらに、日本に伝来すると、神道も混ざりました。神仏習合の状態になり、これはこれで、日本人の大らかさの表われでもあり、評価すべきことではありますが、本来の仏教からはまた一つ遠ざかってしまったのです。

日本人にとって、漢訳されたことのもう一つの不利益は言語の問題です。お経《きょう》（経文《きょうもん》、経《きょう》典《てん》）が、まるで呪文のように聞こえてしまうのです。

何か厳粛で奥深く、意味ありげに聞こえるのですが、その実、何を言っているのかさっぱりわからない。お経を聞いていて意味がわかる人は少ない。

本来はブッダの言葉で、わかりやすかったはずなのに、いろいろ経由し訳されているうちに、いつしか謎の言葉になって、難解になってしまった。それが日本の仏教ではないかと思います。

ただしかし、今の日本では、サンスクリットやパーリ語から直接、日本語に訳したブッダの言葉を読むこともできます。たとえば、世界的な仏教学者である中村元氏がパーリ語から訳した仏教関連の書籍を読むと、ブッダの教えがスッと頭に入ってきます。

第3章で説明したように、キリスト教社会では聖書は長い間、聖職者のものでした。それをマルティン・ルターがドイツ語に訳したことで、聖書が庶民に解放されました。直接、神とつながることができたのです。これは宗教改革の要諦の一つです。

一方、日本の仏教では、サンスクリットやパーリ語と日本語が直接つながることで、仏教本来の教えに一歩も二歩も近づくことができるようになりました。この状況を日本仏教の宗教改革とまではいいませんが、本質を考えると〝ごく静かな宗教改革〟くらいの表現は使ってよいかもしれません。

原典の言葉を日本語訳したブッダの教えを読める時代になっている今、私たちは仏教の本質により近づくことができる環境にいるといえるでしょう。

ちなみに、『法華経《ほけきょう》』『華厳経《けごんきょう》』『般若心経《はんにゃしんぎょう》』といった経典はすべて、ブッダが亡くなってからまとめられました。

仏教教典の冒頭の言葉、如是我聞《にょぜがもん》……これは「かくのごとく、我聞けり」の意味で、「このように私は聞きました」というこの文言から始めれば、お経として一応、成立するというルールが仏教にはあります。イスラームの『コーラン』などに比べると、まったく緩やかな決まりです。ここにも仏教の特徴が見て取れますね。

空海もAB両面を重視していた！

日本の仏教についても見ていきましょう。

平安時代の初期に仏教が広まる際、大きな力を発揮した人物がいます。それは比叡山で天台宗を開いた最澄と、高野山で真言宗を開いた空海です。ここでは空海を中心に見ていきましょう。

空海の教えは真言密教です。真言とは「マントラ」のことで「呪文」を意味します。密教の「密」は秘密の密で、教えが深遠であることを意味します。教えは特定の弟子にしか伝授されません。宇宙の根本仏とされる大日如来《だいにちにょらい》を本尊としています。

『般若心経秘鍵《ひけん》』という書物があります。空海が書いた『般若心経』の解説書で、これがとてもおもしろい。

『般若心経』には「色即是空《しきそくぜくう》　空即是色《くうそくぜしき》」の文言があって、『般若心経』は「空」について説いていると一般的にはいわれます。

しかし空海は『般若心経秘鍵』で、『般若心経』では最後の「羯諦羯諦　波羅羯諦　波羅僧羯諦　菩提薩婆訶」が最も重要であるといいます。これが真言（マントラ）なのです。

とはいえ、この漢字ばかりの文字、難しくて、普通は読めませんよね。「ぎゃてい　ぎゃ

てい　はらぎゃてい　はらそうぎゃてい　ぼじそわか」と読んで、「往く者往く者、往った者往った者、彼岸へ往った者に幸あれ」といったような意味となります。意味だけでなく、音《おん》がとても大事です。元はサンスクリットで、それに漢字が当てられた格好になっています。

空海は真言をとても大切にしました。真言を百万編唱えると、いっさいの経典を暗記できるし、図抜けた記憶力を身につけられると聞き、それを実行しています。「天才」と評されることの多い空海ですが、このような並外れた修行を積み重ねたからこそ到達できた境地でもあったのでしょう。

そうして考えると空海は、仏教のA面（理論）もさることながら、B面（体験）を非常に重視したといえそうです。

「本当のところは、文章を読むだけではわからない。身をもって修めなければ、最終的にはわからない」。実際、最澄宛てに、このような手紙を空海は出しています。

一方、空海の先輩で好敵手でもあった最澄が開いた比叡山延暦寺からは、優れた僧が大勢育っていきました。浄土宗の法然、浄土真宗の親鸞、臨済宗の栄西、曹洞宗の道元、日蓮宗の日蓮など、いわゆる鎌倉新仏教を開いた名僧たちは、いずれも延暦寺で学んでいます。

檀家制度が日本に及ぼした影響

六世紀半ばの飛鳥時代に日本に伝来した仏教は当初、鎮護国家の役目を担っていました。それが鎌倉新仏教と呼ばれる浄土宗や浄土真宗などを経て、仏教は庶民にも少しずつ浸透していきます。

その流れが加速するのが、室町時代の応仁の乱（一四六七～一四七七年）以降です。さらに決定的になって、庶民に仏教がすっかり行き渡るようになるのは江戸時代と考えてよいでしょう。というのも、この時代に檀家制度が整備されたからです。

檀家とは、特定の寺院（寺）に属して、布施《ふせ》などによってその寺を援助する家のことです。これによって、寺院は檀家の管理・監督をすることになりました。そして、亡くなったあとの葬式も寺院が執り行なうようになります。

徳川幕府は、この檀家制度を徹底させていきました。背景にはキリシタンの問題がありました。キリスト教の禁止を徹底させるために、幕府は庶民をどこかの寺院に所属させるようにしたのです。

江戸時代に檀家制度が定着したことで、誰もがどこかの寺に属し、亡くなると、その寺の墓に入ることになりました。今に至る日本の「葬式仏教」はこうして誕生したのです。ただ、その発端はブッダの弟子、アーナンダの行為にすでに見ることができることは、先述のとおりです。

こうしてキリスト教が禁止されるとともに、檀家制度が整えられました。神道があるとはいえ、仏教は日本人にとって、極めて大きな存在になっていきます。

寺と日本人は、切っても切れない関係になりました。明治初期には廃仏毀釈の嵐が吹き荒れますが、寺と日本人の深い関係は今なお続いています。

思想的な大きな進展は最澄や空海、そして鎌倉新仏教に見ることができます。しかし、仏教の普及の観点でいえば、江戸時代の檀家制度が果たした役割はとても大きかったのです。

とはいえ、この状況はブッダの教えとはほど遠いもの。ブッダはお墓がどうしたとか、遺骨をどうしろとか、戒名はこうだなどとは、いっさい言っていないのですから。時と場所がかけ離れたことで、中身も本来の教えからかけ離れていったといえるでしょう。

禅の教えは「逢ったものはすぐ殺せ」!?

禅（禅宗）についても見てみましょう。

禅は大乗仏教の一派で、南インド出身で中国に渡った達磨《だるま》が始めました。達磨は五世紀後半から六世紀前半の人といわれます。

「だるまさん」の愛称でも親しまれている「だるま」の置物がありますね。あのだるまは、禅の開祖の達磨がもとになっています。

だるまさんには足がありません。それはある伝説に基づいています。達磨は壁の前で九年間も坐禅し続け、ついには足が萎えてしまったというのです。そのため、禅では坐禅の修行を重視しています。

ブッダは菩提樹の下で座っているときに悟りの境地に達しました。そのことを実践してみたとも伝わります。ブッダが体験した悟りを自ら実践してみたとすると、B面の体験型の流れにあるといえます。

修行者の中には、経典を学ばなくては仏教はわからないと考え、経典をひたすら大事にして、一所懸命学ぶ人たちがいます。

その一方では、経典だけ学んでもダメだ。経典よりもむしろ体験こそが大事なんだ。今、自分自身が悟ることこそが重要なんだ。そのように考える人たちもいます。これらの人はかなり禅的であるといえます。

臨済義玄《りんざいぎげん》という禅僧がいます。九世紀の唐の人物で、臨済宗の開祖です。臨済宗は鎌倉時代に栄西たちを通じて日本に伝わっています。

臨済は、とてもおもしろいことを言います。『臨済録』（入矢義高 訳注、岩波文庫）から少し引用してみましょう。

諸君、まともな見地を得ようと思うならば、人に惑わされてはならぬ。内においても外においても、逢ったものはすぐ殺せ。仏に逢えば仏を殺し、祖師に逢えば祖師を殺し、羅漢に逢ったら羅漢を殺し、父母に逢ったら父母を殺し、親類に逢ったら親類を殺し、そうして始めて解脱することができ、なにものにも束縛されず、自在に突き抜けた生き方ができるのだ。

なんとも激烈な教えですね。ただ「殺せ」とありますが、これは本当に殺すことではありません。仏にも祖師（達磨などの開祖）にも父母にも惑わされるな、ということです。ブッダに会っても、「うわぁ、立派なお方だ」などと言って、ひれ伏すようではいけない。あらゆることから解き放たれ、自分自身を見つめよ、ということです。

もし君たちが外に向って求めまわる心を断ち切ることができたなら、そのまま祖仏と同じである。君たち、その祖仏に会いたいと思うか。今わしの面前でこの説法を聴いている君こそがそれだ。君たちはこれを信じきれないために、外に向って求める。しかし何かを求め得たとしても、それはどれも言葉の上の響きのよさだけで、生きた祖仏の心は絶対つかめぬ。取り違えてならぬぞ、皆の衆。今ここで仕留めなかったら、永遠に迷いの世界に輪廻し、好ましい条件の引き廻すままになって、驢馬や牛の腹に宿ることになるだろう。

右の文章も『臨済録』からの引用です。「君たちこそがブッダなんだ」と、臨済は言っているわけです。そのことに気づきなさい、ということです。そうでなく、ほかの何かに救いや教えを求め続けていては永遠に解脱できない、ということなのです。

ありのままに見なさい

臨済は「俊敏に反応しなさい」ともいいます。問いかけをして、あれこれ理屈を考えている弟子には大声を出して、一喝しました。

大声を出されると、グダグダ考えていた頭が一瞬真っ白になって、何かが浮かびます。それを迷うことなく言ってみる。速やかに応答する。俊敏であることを臨済は求めたのです。

「仏法とは何か」

臨済が弟子に問いかけたとします。

「川のせせらぎです」

「雪の中に咲く一輪の梅の花です」

「あそこで戯れている子供たちです」

答えは何だっていいのです。すべて仏法です。

今、あるがままの姿を見つめること。それこそが禅であると、臨済は説いたのです。

禅に「莫妄想《まくもうぞう》」という言葉があります。妄想するな、ということです。いくら考えてもわからないことは考えるな、ということでもあります。

妄想はすべて捨て去れ。仏法も妄想みたいなもの。そんなことを考えるのではなく、今のありのままの現実を見なさい。そのように禅では教えるのです。

「柳は緑、花は紅《くれない》、真面目《しんめんもく》」。これは中国・宋代の詩人、蘇東坡《そとうば》の言葉です。柳は緑色で花は紅色、それはありのままの姿である、ということです。それでいいのだ、ということです。

ただ、この「ありのままに見る」ことは容易ではありません。ありのままに見ているようで、見えていないことも多いものです。

たとえば、下手な画家がリンゴを描く場合、そのリンゴをありのままに見ることができないことがあります。リンゴは一個一個まったく違うのに、先入観にとらわれて描いたり、ほかの人の作品に影響されて描いたりしてしまうのです。

俳人や歌人は山の木々が色づくだけで、心が動かされます。蝉の声を耳にするだけで、気持ちが揺さぶられます。これらも、今を生き、今を感じていることなのです。

閑《しずか》さや岩にしみ入《い》る蟬の声——これは松尾芭蕉の俳句です。なんという静けさだろう。その中で、岩に染み通っていくような蟬の声が静けさを強めている……といった意味ですが、これは今、この瞬間を芭蕉が祝っているわけです。いわば祝祭の句と読むことができます。

こんなフカフカの布団に寝られて幸せだな。ご飯とみそ汁を今日も食べられるなんて、なんて幸せなんだ。風邪を引いたら、風邪薬がある。病気になったら、病院にも行ける。平安時代の貴族も、江戸時代の武士も、こうはいかないよな。やっぱり僕は幸せだな。……こうした「今」に気づき、感謝できることも、一種の禅の境地です。

「ありのままに見ろ」という教えは現象学に通じます。ドイツの哲学者、フッサールが唱え、フランスの哲学者、メルロ・ポンティなどが受け継いだ現象学では、物事を思い込みで判断しないで、現象そのものを丁寧に観察しよう、と提唱します。

そして「世界に驚け」といいます。そのものをありのままに観察することで、目の前にある世界に素直に感動できるような直観力を取り戻そう、ということです。私たちによって生きられている世界を新鮮に記述すること、これは芸術的な営為でもあります。

多くの人は、先入観やイメージ、雑念で頭の中がいっぱいです。それでは、ものを見る目が曇ってしまいます。そうしたものを捨て去り、ありのままを見て、そのものに向き合いなさい。臨済をはじめとする禅では、「ありのままに今」を生きることを説いています。

マイケル・ジョーダン、宮本武蔵、良寛に共通すること

マイケル・ジョーダンを知っている人も多いと思います。アメリカの元バスケットボール選手で、シカゴ・ブルズなどでプレーした、「バスケットボールの神様」といわれるほどの名選手です。

ジョーダンがブルズでプレーしていたころの監督は、フィル・ジャクソンです。ジャクソンは禅を研究し、禅に熟達した者、すなわち〝禅マスター〟と評されるほどになります。チームの指導にも、禅の思考と実践法を導入。試合前にはいつも決まって禅の話をします。選手たちにも、その思考法は浸透していたでしょう。

とりわけジョーダンは禅の極みにまで達しました。なにしろ禅マスターのジャクソンに「ジョーダンこそ、禅マスターだ」と言わしめたのですから。

ジョーダンは、禅の理論は理解しきれていなかったかもしれません。しかし、彼のプレーは禅の実践そのものでした。

たとえば、残り時間五秒で、一点差で負けているとき。当然、チームはパニックになります。「あと五秒しかない。どうしよう」「もう無理だ。追いつけない。負けだ」。ほとんどの選手はそう思うでしょう。

そうしたとき、ボールは決まってジョーダンの手元にきます。「なんとかしてくれ」。それがほかの選手の思いなのでしょう。そして実際、ジョーダンはなんとかしてくれるのです。ジョーダンは一人だけ違う時間を生きていました。周りがパニックになっていても、一人静かに、冷静にプレーし、スッとシュートを決めるのです。どんな切迫した状況でも、非常に高い確率でゴールを決めるのです。

いついかなるときも、平常心と高度な集中力をもってプレーできる。これこそが禅であるとジャクソンも考え、「ジョーダンこそ禅マスターだ」と絶賛したのでしょう。

この境地は「今を生きる」ことともいえます。今、今、今……と、常に今を生きている。常に今を生きているから、残り三十分だろうが、残り五秒だろうが、関係ないのです。

剣豪・宮本武蔵も禅の境地を説きました。武蔵の著作『五輪書《ごりんのしょ》』には兵法の極意が書かれていますが、これは禅や悟りの書として読むこともできます。鍛錬の仕方、戦いの心構え、間合いの取り方など、自由自在に動くための極意が記されています。

自由といえば、江戸時代の禅僧、良寛はとても自由な人でした。自ら子供の輪の中に入っていき、一緒に鞠《まり》をついて遊んだり、かくれんぼに興じたりしています。純真な心を持った人で、かくれんぼしていて、子供が帰ってしまったあとも隠れ続けていたという逸話があるほどです。今、ここに生きているからこそ、子供が帰ったことに気づかなかったともいえます。

いい年をした大人が子供と本気で遊んでいるのだから、白い目で見られることもあったでしょう。でも、良寛はそんなことは気にしません。世間の目にとらわれていないのです。まさに、自らに由《よ》る自由人だったといえるでしょう。

「三昧の境地」とは？

床の上に敷かれた幅二十センチ、長さ五メートルの板の上を歩けといわれると、多くの人はできると思います。ところが、その板が十階のビルの上にかかっていたらどうでしょうか。私も含め、ほとんどの人は歩けないと思います。同じ板なのに。

風が吹いたら、どうしよう。落ちたら、どうしよう。落ちたら、きっと死ぬ。そうした先に対する不安がよぎり、普段できることもできなくなるのです。この先、起こるかもしれない出来事に心を支配され、今を生きられていない。あるいは、将来に現在を侵略されているともいえます。これは禅的ではありません。

「前後際断《ぜんごさいだん》」という禅の言葉があります。前と後ろをその際《きわ》で断てということで、過去も未来も断って、今を生きなさい、ということです。

今に集中すると、三昧《ざんまい》（サンスクリットでは「サマーディ」）の境地に達します。たとえば、卓球の練習でラリーをしている。最初は雑念も浮かんだけれど、途中から集中度が高まる。

四十回、五十回、六十回……雑念は消え失《う》せ、すっかり集中している。これは三昧に達した状態です。

受験勉強でも、最初は気乗りがしなくやっていたのに、途中からおもしろくなって、思わず没頭してしまったという体験を持つ人もいると思います。へー、そうなんだ。この問題はこうやって解くと、正解になるんだ。そうか、宇宙はこういうふうになっていたんだ。……そんなことを思って、時間の経つのも忘れて、勉強にのめり込んだことのある人もいるでしょう。

職人仕事も三昧の境地に達することが多いと思います。集中して、没頭して、ものをつくる。誰かに話しかけられても、気づかないことも多そうです。

好きな音楽を聴いていて、フワッと夢心地になったり、酔いしれるような心持ちになったりした経験を持つ人もいるかもしれません。これも三昧の状態です。

過去に縛られず、未来を見ず、今を生きる。後ろを振り向かず、先のことも考えず、ただ目の前のことに没頭する。これが禅の説く生き方です。

なぜ桜を歌ったＪポップソングが多いのか？

個人的なことですが、私は日頃、大学で授業をしたり、テレビに出演したり、本を読んだり書いたりしています。いろいろな仕事があって、かなり忙しい日々を送っています。

そうした中、たとえば前の仕事でちょっとした失敗をして、そのままテレビの生放送に入ることもあります。

でも、そこでその失敗を引きずったままテレビに出ることはできません。冷静さを失ってはよい仕事はできないし、なにより視聴者に失礼です。

だから、心を切り替えて番組に臨みます。今を存分に生ききろうという思いで、新たな仕事に向き合います。これなども、一種の禅のトレーニング、さらには悟りのトレーニングをしているんじゃないかな、という気がしています。

考えてみると、日本には禅がかなり浸透しているのではないでしょうか。「禅とは何ですか」と問われて答えられる日本人は少ないでしょうが、禅の心、禅マインドは広く行き渡っているように思います。

たとえば、限られた時間で集中して冷静に試験に臨んでいる状態は禅マインドに通じるし、家庭でイライラしたことがあっても、仕事でお客さんに穏やかに対応できることにも禅マインドを感じます。

タクシーを何十年も無事故で運転し、なおかつ、いつもにこやかに接客できている運転手さんにも禅マインドが備わっているでしょう。

鉄道会社の駅員さんにも禅マインドは大いにありそうです。酔っ払いの吐瀉物《としゃぶつ》を片づけるようなことも彼らはやります、しかも黙々と。さらには、電車に飛び込んで自ら命を断った人の後片づけまでもするのです。私などは頭の下がる思いがします。禅だな、仏教だなと、思ったりします。

サンガのような修行集団を、現代の日本で一般人が結成することは困難です。労働せず、異性に興味を持たずに過ごすことも、極めて難しい。あるいは、サンガを結成して、そこまで禁欲的な生活をすることは、少なくとも今の日本では必要ないかもしれません。そこまでしなくても、今の私たちはブッダの教えに近いことをできている人が多いように思うからです。ここに書いた運転手さんや駅員さんなどは、まさにそうです。

そうして考えると、禅、さらには仏教はすでに、日本にかなり根づいているのではないでしょうか。「私は仏教徒だ」という自覚のない人を含めて、日本にはすでに風土として仏教が溶け込んでいると思うのです。

それは文化にも現われています。たとえば、Jポップには桜に関する歌がたくさんあります。桜の詞には散り際、別れ、死などの意味が込められています。それらは無常観に通じます。

桜の歌を歌って、聴いて、私たちははかなさを感じます。花見をして、飲んで騒ぎつつも、この世が常ならないことを感じます。そして、今年も桜の花を見られたことに感謝します。だから、今を生きよう、今を大事にしよう。そう思うこともあります。これが禅マインドであり、仏教の精神だと思うのです。

ヨーガと仏教の意外な関係

意外に思われるかもしれませんが、仏教とヨーガ（ヨガ）には深い関係があります。『エリアーデ著作集　第九巻　ヨーガ1』（ミルチャ・エリアーデ著、立川武蔵訳、せりか書房）には、ブッダの悟りはヨーガの技術による、といったことが書かれています。著者のエリアーデはルーマニア出身の宗教学者です。

ヨーガはブッダ以前にすでにあったもので、ブッダの苦行も修行も坐禅も瞑想も呼吸法も、ヨーガの伝統を引き継いでいると、エリアーデは指摘しています。「ブッダによって示されたすべての真理はヨーガ的なやり方で検証されねばならない、すなわち瞑想され、経験されねばならない」という記述も見られます。

『ヨーガとヒンドゥー神秘主義』（S・N・ダスグプタ著、高島淳訳、せりか書房）には、ヨーガと仏教とは、本質において結合しているといったことが書かれています。

近年、日本でヨーガが流行っていますね。スポーツクラブなどでも、ヨーガに取り組んでいる人が大勢います。そのヨーガは、実は仏教やヒンドゥー教などの宗教ともつながっているのです。そうであれば、ヨーガを入口にして、涅槃、つまり絶対的な安らぎの世界に入ることもできるはずです。

私も二十歳前後のころにヨーガに取り組んだことがあります。その行為は仏教的でもあったのだと改めて思います。さらには、ヒンドゥー教ともつながっていたのだということも（ヒンドゥー教とヨーガの関係は次の第8章で記します）。

ヨーガをすることで、自分を見つめ直し、落ち着きを取り戻すことも可能です。そうなると、少なくともその瞬間においては、多少の煩悩は削《そ》ぎ落ち、ブッダの教えに近づけているのかもしれません。

仏教は今、世界的にも高い関心を持たれています。欧米諸国では「マインドフルネス」という仏教の気づきの瞑想が注目されています。ブッダの悟りの境地を少しでも体験してみたいという気運があるのです。

セム的一神教とはその性質を大いに異にする仏教。世界的な信者数はキリスト教やイスラームに及びませんが、その精神は日本などのアジアをはじめ、世界各地に息づいているといえるでしょう。

第8章

日本と密接に
つながっている
ヒンドゥー教

インド人の、インド人による、インド人のための宗教

ヒンドゥー教はインドの宗教です。というのも、そもそもヒンドゥー教は「インドの宗教」、あるいは「インド人の宗教」という意味だからです。

ただ実際には、もう少し広く根づいています。ネパールやスリランカ、バングラデシュなどにもヒンドゥー教徒はいるし、インドネシアのバリ島にはバリ・ヒンドゥーという独自のヒンドゥー教が広がっています。とはいえ、ヒンドゥー教徒の多くはインドにおり、インド人の八割近くがヒンドゥー教徒といわれています。

考え方から習慣、風俗、文化、社会構造まで、ヒンドゥー教はインドの人々の日々の営みに幅広く行き渡っているのです。

また、イスラームのムハンマド、仏教のブッダのような開祖はヒンドゥー教にはいません。諸々の歴史を経る中で形成されていった宗教だからです。

世襲の社会身分制度であるカースト制度も、ヒンドゥー教と関わりがあります。カーストは僧侶・司祭階級であるバラモンを頂点に、クシャトリア（王族・貴族）、ヴァイシャ（平民）、シュードラ（奴隷）の四つに大別されます。

紀元前一五〇〇年ごろ、アーリア人がインドに侵入して、先住民を征服し、アーリア人と

先住民との間に階級の区別をつくりました。これがカースト制のもとになりました。インドでは現在、カーストによる差別は禁止されていますが、現実にはまだ根強く残っているようです。

ヒンドゥー教の起源を特定するのは、実はなかなか難しい問題です。というのも、ヒンドゥー教をどう定義するか、専門家でも意見が分かれているからです。

専門家の意見はたくさんありますが、大別すると、二つの見解があります。それはバラモン教をヒンドゥー教に含むか否かで分かれます。

バラモン教もヒンドゥー教であると考える人は、ヒンドゥー教はバラモン教を母体にして、バラモン教を継承して生まれた宗教だから、ヒンドゥー教をバラモン教と切り離す必要はないとします。また、モヘンジョ・ダロやハラッパーなどのインダス文明までさかのぼって、ヒンドゥー教をとらえる専門家もいます。そうなると、ヒンドゥー教の歴史はずいぶん長く、ゆうに数千年を数えることになります。

一方、ヒンドゥー教はバラモン教をもとに、民間信仰や仏教などを吸収しながら形成されていったと考えて、ヒンドゥー教をバラモン教と区別している人もいます。この考えでは、概《おお》ね紀元前後に成立したことになります。

前者はいわば広義のヒンドゥー教、後者は狭義のヒンドゥー教です。本書では、これ以降、原則として広義のヒンドゥー教、つまりバラモン教を含むヒンドゥー教を前提にして話を進めていきます。

ダルマ、アルタ、カーマとモークシャ

ウパニシャッド哲学について第6章で書きました。ウパニシャッド哲学では、宇宙の根本原理であるブラフマンと、個人の中にある根本原理であるアートマンが一体化することを究極の目標に据えていました。梵我一如です。

このウパニシャッド哲学は元来、ヒンドゥー教の形式主義に対する内部革新として形成されました。紀元前七世紀〜紀元前四世紀ごろのことです。

ウパニシャッド哲学はいわば高尚な哲学であり思想です。なにしろ宇宙と個人が一体化することをめざすというのですから。ブッダはブラフマン（梵）はよくわからないのだから、気にしなくていいよ、と言ったのですが、ウパニシャッド哲学では宇宙も大きなテーマになっています。

その一方で、ヒンドゥー教には世俗的で現世利益的な考えも色濃くあります。「ダルマ」「アルタ」「カーマ」。この三つがヒンドゥー教では重視されています。

ダルマは法、社会的正義、名声、アルタは財、利益、カーマは愛欲、性愛といった意味です。確かにとても俗な感じがします。

ただのちには、この三つに、輪廻の世界から解き放たれる「モークシャ（解脱）」が加わります。

名声を得て、財も得て、愛欲を満喫することを肯定しつつ、その上でそれらを否定することで解脱する。

これは一見おかしなことに思えますが、たとえばブッダを考えると、得心がいくかもしれません。ブッダは王子として満ち足りた暮らしを送っていましたが、その暮らしを否定し、精神的な至福を求めるようになりました。これなど、ダルマ、アルタ、カーマ、そしてモークシャを実践していたと見ることもできるでしょう。

日本に入り込んでいるヒンドゥー教

ヒンドゥー教は一般的には多神教といわれます。ただ、これは微妙なところがあります。一概に多神教とはいえず、一神教ではないかという見解もあるからです。

ヒンドゥー教には確かに多くの神々が登場しますが、変幻自在に姿を変えることがあります。一つの神がいろいろな神に姿を変えているという考え方もあります。とすると、多神教のような一神教のような、一神教のような多神教のような、微妙な宗教です。多神教と一神教の間を揺れ動くのが、ヒンドゥー教の特徴の一つなのでしょう。

ヒンドゥー教には三つの主要な神がいます。それはブラフマー神、ヴィシュヌ神、そしてシヴァ神です。シヴァ神は聞いたことがある人も多そうですが、ブラフマー神とヴィシュヌ神は初耳の人も多いかもしれません。

ブラフマー神は世界を創造する神、ヴィシュヌ神は世界を維持する神、シヴァ神は世界を破壊する神です。創造、維持、破壊ということですね。ヒンドゥー教では、この世界は創造→維持→破壊→創造→維持→破壊……が繰り返されると考えているのです。

シヴァ神については、とても興味深い話があります。以下は『ヒンドゥー教――インドの聖と俗』（森本達雄著、中公新書）の一節です。

「大黒天」というのは、ヒンドゥー教三大主神の一つシヴァ神の別名「マハーカーラ」の訳語である。すなわち「マハー」は「大きな、偉大な」という意味、「カーラ」は「黒い」で、「大黒天」は文字どおり、「マハーカーラ」を直訳したものである。

シヴァ神＝マハーカーラ＝大黒天ということです。シヴァ神は破壊の神であると書きましたが、もう少し詳しくいうと、吉祥《きっしょう》と不祥《ふしょう》、破壊と恩恵の二面があって、全知全能の神ともいわれることがあります。

大黒天は七福神の一つです。仏法の守護神でもあります。

日本の大黒天は、色こそ黒が多いですが、にこやかな顔をしています。ところが、日本に到来した当時のこの神は、かなり怖い様相をしていたようです。首にはドクロの首飾りをかけ、腕輪にヘビを巻きつけているといった姿でした。私たちが現在接しているのは、日本化された穏やかな大黒天なのです。

だいたいどの神様も日本に来ると、優しく穏やかになる傾向があります。日本人は厳しく荒々しい神様は、やはり苦手なのだと思います。ご利益《りやく》だけもたらしてくれる神様が好きなのですね。それにいろいろな神様をこだわりなく受け入れます。いろいろな神様がいたほうが盛り上がると思うのでしょう。

先述した『ヒンドゥー教――インドの聖と俗』には、ほかにも興味深いことが書かれています。たとえば、私たちがお寺で対面する大日如来《だいにちにょらい》、梵天《ぼんてん》、帝釈天《たいしゃくてん》、閻魔《えんま》などの仏法の守護神も、もともとはヒンドゥー教から来ているといいます。仏教がこうした守護神を発明したわけではないのですね。

私たちの生活習慣にも、ヒンドゥー教の儀礼や慣習がずいぶん入り込んでいます。仏前や墓前に花や団子を供える習慣も、ヒンドゥー教に由来しているようです。

森本達雄氏は『ヒンドゥー教――インドの聖と俗』で次のように記しています。

このように、ヒンドゥー教の祖先祭を見てくると、私たちが一般に、日本固有の、あるいはすくなくとも仏教本来の習俗とばかり思いこんでいた祖先崇拝や法要と、ヒンドゥー教のそれらとのあいだにいろいろ類似点や共通点を見出して、あらためてヒンドゥー教を身近に感じることになる。

インド（人）の宗教、ヒンドゥー教は日本人には縁遠いと思いがちですが、実はずいぶんと身近な存在であるようです。

日本人は「隠れヒンドゥー教徒」か

日本人はいわば「隠れヒンドゥー教徒」であるといっても過言ではありません。

……これは『バガヴァッド・ギーターの世界』（上村勝彦著、ちくま学芸文庫）に書かれている一文です。

バガヴァッド・ギーターとは（日本人には舌の嚙みそうな言葉ですね）、バガヴァッドは神、ギーターは歌の意味で、バガヴァッド・ギーターで「神の歌」になります。バガヴァッド・ギーターはヒンドゥー教の聖典の一つに数えられています。

『バガヴァッド・ギーターの世界』によると、千手観音《せんじゅかんのん》や十一面観音もシヴァ神と極めて密接な関係にあるといいます。不動明王にも、シヴァ神の性格が反映しているようです。『バガヴァッド・ギーターの世界』には、豊川稲荷《とよかわいなり》についても、とても興味深い話が載っています。以下にまとめてみます。

豊川稲荷という曹洞宗のお寺があります。正式には妙厳寺《みょうごんじ》といいます。豊川稲荷は神社ではなく、お寺なのですね。

稲荷といえば、狐《きつね》を祀っているのでは、と思う人もいるかもしれません。いわゆる狐信仰です。しかし、豊川稲荷が祀っているのは荼吉尼天《だきにてん》（豊川稲荷のホームページでは「豊川吒枳《とよかわだき》尼眞天《にしんてん》」となっています）の尊像だそうです。

ところで、シヴァ神の恐ろしい妻、カーリーに仕える魔女たちはダーキニーと呼ばれました。これが荼吉尼（荼枳尼）と音写《おんしゃ》されました。ダーキニーたちは子供や女性をさらって、カーリーの生贄《いけにえ》にしたともいわれます。

密教では、荼吉尼＝ダーキニーは野干《やかん》という動物に乗るとされているようです。この野干、実はジャッカルなのです。ジャッカルは墓地（火葬場）をうろついて、死体を食べるので、カーリーやダーキニーとは縁が深かったのです。

ところが、このジャッカル、インドでは知られた動物ですが、中国人や日本人には、何のことやらわからない。そこで、狐だと推測されたのではないか、ということです。

そして日本では、ダーキニーの乗り物の野干（ジャッカル）が狐になって稲荷と結びつけられたのではないかと、『バガヴァッド・ギーターの世界』の著者、上村勝彦氏は推測しています。

おもしろいですね。豊川稲荷といえば、多くの人が狐を祀っていると思っているでしょう。ところが豊川稲荷では、狐ではなく、荼吉尼天を祀っている。その荼吉尼天はシヴァ神の妻に仕える魔女のダーキニーで、ダーキニーはジャッカルに乗っている。ダーキニーとジャッカルはインドから日本に来て、ジャッカルは狐になった。だから、豊川稲荷では狐自体が祀られていると思っている日本人が多いというわけです。

『バガヴァッド・ギーターの世界』などを読むと、ヒンドゥー教の神に由来する日本の神はたくさんあることがわかります。となると、私たち日本人は確かに「隠れヒンドゥー教徒」なのかもしれません。知らないうちに、ヒンドゥー教の神々をおそらくは年に何度も拝んでいるのですから。

成功しても失敗しても、どっちでもいい

『バガヴァッド・ギーター』を訳した書籍、その名も『バガヴァッド・ギーター』（上村勝彦訳、岩波文庫）も見てみましょう。

あなたの職務は行為そのものにある。決してその結果にはない。行為の結果を動機としてはいけない。また無為に執着してはならぬ。

アルジュナよ、執着を捨て、成功と不成功を平等（同一）のものと見て、ヨーガに立脚して諸々の行為をせよ。ヨーガは平等の境地であると言われる。

結果が大切なのではない、行為そのものに集中しなさい。そして、成功も不成功も関係ない、そのような境地でいろいろなことをやりなさい、といっています。

「アルジュナ」とは『バガヴァッド・ギーター』に登場する王子です。ここでは、戦争について語っているので、「戦争しろ」という意味になります。「戦争しろ」と言っているのはクリシュナという神の化身です（ですから結局、神です）。

戦争を勧めることにはもちろん賛同できませんが、戦争の話から離れるなら、貴重な教えに思えます。

私たちは、いつも「結果を出せ」と追い立てられています。勉強でも、スポーツでも、仕事でも。〇×大学に合格しなさい。県大会で優勝しなさい。大きな契約を取ってきなさいというように……。こんなことばかり言われ続けていたら、心が疲弊してしまいます。

ところが『バガヴァッド・ギーター』は結果のためにしてはいけない、といいます。行為そのものが大事なんだと説きます。一所懸命勉強することが大事だし、練習と試合に真摯《しんし》に向き合うことが大事だし、誠実に仕事をすることが大事だということです。

その結果、成功しても失敗しても、どっちでもいいのです。成功も失敗も同じなのだから。

『バガヴァッド・ギーター』は、そう説きます。

○×大学に落ちても、県大会の初戦で負けても、大きな契約を取れなくても構わない。行為に集中することこそが大切なので、結果に執着してはいけないということです。

ヨーガについては、第7章の仏教のところでも書きました。ヨーガは、ここでは「平等の境地」と定義されています。健康や美容、やせるために行なうヨーガとはまるで違います。

この境地に至ることができれば、その人は物質との接触による苦しみを離れることができ、輪廻転生《りんねてんしょう》から解放される、すなわち解脱することができるとされるのです。

上村勝彦氏の『バガヴァッド・ギーターの世界』には、右のように記されています。ヨーガ、すなわち平等の境地に至れば、解脱できるということです。

知性を備えた賢者は結果に気をとられない。ただ行為に集中する。結果を捨てることで解脱することもできるということですね。

ヨーガはなかなか興味深いもので、立川武蔵氏の『ヨーガと浄土』（講談社選書メチエ）には次のように説明されています。

ヨーガという方法は、「聖なるもの」を人体という場において顕現させるための技法であるといえます。

人の体を一つの場として考え、そこに聖なるもの、あるいは神を現出させる方法、それがヨーガであるということでしょう。このヨーガを会得するには修行が求められるでしょうし、三昧の状態に入ることも大切かもしれません。そこで次項では、ヒンドゥー教と三昧について見てみます。

ヒンドゥー教が教える「三昧の境地」

聞くことに惑わされたあなたの知性が、揺ぎなく確立し、三昧において不動になる時、あなたはヨーガに達するであろう。

右は先述の『バガヴァッド・ギーター』にある一文です。

ている」は第7章の禅のところでも書きましたね。やはり、仏教とヒンドゥー教はつながっていると感じます。どちらも古代インド発祥の宗教ですし。

画家のピカソは、よい絵を描くことを目標にせず、ひたすら絵を描く行為に集中したといいます。そして、すべての絵は未完成である、といった言葉も残しています。絵を完成させることを目的にはしておらず、絵を描くこと自体が無上の喜びだったのでしょう。その結果、作品数もたいへん多くなり、数多くの名作も誕生したわけです。

作曲家のヴィヴァルディやバッハ、モーツァルトもとても多くの作品を残しています。おそらく三昧の境地で書いて、結果として、多くの名作を残すことになったのでしょう。

あなたは定められた行為をなせ。行為は無為よりも優れているから。あなたが何も行わないなら、身体の維持すら成就しないであろう。

すべての行為を私のうちに放擲《ほうてき》し、自己《アートマン》に関することを考察して、願望なく、「私のもの」という思いなく、苦熱を離れて戦え。

これも先述した『バガヴァッド・ギーター』の一節です。

「あなたは定められた行為をなせ」と言っているのは神です。自分のすべきことをしなさい、と神が言うわけです。

そして、すべての行為を神である私に放擲しなさい（投げ出しなさい）と言います。神に投げ出すということは、神に任せなさい、ということでしょう。となると、この世の成功や不成功などという些末《さまつ》なことにこだわるな、という教えとも通じます。

多くの宗教には「神に明け渡す」という思想が見られます。ヒンドゥー教の聖典『バガヴァッド・ギーター』でいえば、私（神）に放擲しなさい、ということです。

では、何を投げ出すかというと、たとえば欲望や怒りであると、『バガヴァッド・ギーター』は説きます。そうすることで、人は心が楽になるし、無私や無我の境地にもつながるということなのでしょう。

ヒンドゥー教はなぜ死と血を忌み嫌うのか

インドと聞くと、ガンジス川に死体を流したり、そのガンジス川で沐浴《もくよく》したりする様を思い浮かべる人もいると思います。そうしたことから、「死者に対しても血に対しても、インド人は無頓着で平気なんだ」と思うかもしれません。

ところが実際には、インドの人たちは死や血を非常に忌み嫌うようです。この場合のインドの人たちはヒンドゥー教徒と言い換えても構いません。

日本でも、死は穢《けが》れとされます。そのため、今でも葬儀の際には清めの塩を手渡されたりします。

しかし、ヒンドゥー教ではその比でないようです。「ただヒンドゥーの場合は極端で、人が死ぬと臨終の部屋は穢れたものとみなされ、それが元どおりに浄化されるのには何日も、ときには何か月も要するとされ、部屋にあった土器や食物はすべて捨て去られなければならない。そのため、死期の迫ったヒンドゥーは家人に迷惑のかからぬよう、屋外（庭など）で臨終を迎えることを望むという」と、『ヒンドゥー教――インドの聖と俗』（森本達雄著、中公新書）には記されています。

日本では、ここまでは普通しないですね。死期を感じ取った人が屋外で臨終を迎えることを迫る世の中は、あまりに温かみに欠けるし酷だと、多くの日本人は思うのではないでしょうか。

血も、ヒンドゥー教では穢れたものです。生理期間中の女性も、穢れた存在であると考えられています。出産時には大量の血液が出ますから、出産も穢れた行為と見なされます。生理は不浄であるという考えは、女性が差別されることにもつながっているようです。

日本においても今でも、神社の鳥居は生理中の女性はくぐるべきではないと考える人もいるし、そうした風習は一部に残っています。この起源はいくつかあるのでしょうが、ヒンドゥー教が由来であるとも考えられます。

日本にも、女性を差別してきた歴史はあります。しかし、たとえば三千年前、五千年前の縄文時代に、日本に女性蔑視の思想があったかというと、どうでしょうか。極めて平和的だったといわれる三内丸山遺跡などを見ると、女性差別があったとはあまり思えません。思想としての女性蔑視は、〝舶来もの〟なのかもしれません。

「性」を肯定する人間的な教え

古代のインドでは女性が差別されることも多かった一方、性（愛）に関しては必ずしもそうではなかったようです。

『カーマ・スートラ』という古代インドの性愛論書があります。「カーマ」は愛欲や性愛といった意味です。

この『カーマ・スートラ』には「女性は皆、カーマの実践を学ばないといけない。カーマの法典だけが実践的にも理論的にも、唯一、女性が勉強できる伝統的法典だった。女性は理論的に、結婚前は父親の、結婚後は夫の延長物でしかないけれど、カーマにおいては、女性はある程度の主体性をもって、独自の存在でいられる」といったことも書かれています（『ヒンドゥー教の〈人間学〉』マドレーヌ・ビアルドー著、七海由美子訳、講談社選書メチエを参考にして記述）。

『ヒンドゥー教の〈人間学〉』には「男女どちらにとっても、大事なのは相手の快楽である」

「インドの男女の概念では、人は一人では何者にもなりえない」「身体的な愛の強調は性的なことを人間的なものにする」といったことも書かれています。古代インドでは、あるいはヒンドゥー教では、性を非常に肯定的にとらえていることがわかります。

第6、7章で紹介したブッダの教えのように、禁欲であることを勧める宗教が多い中、ヒンドゥー教は性を否定せず、男女互いのために大事なものであると肯定し、人間的なものであるととらえています。

ちなみに性の肯定といえば、第3章で登場したニーチェもまさにそうです。性欲を含めた人間の全体性を否定するのはよくない、とニーチェはいいます。この考えは、ヒンドゥー教の性に関する哲学と通底します。

このように、男女の関係を宗教的な悟りの境地にまで高めていることは、ヒンドゥー教の特性の一つといえるでしょう。

現代の日本人も学べる「四住期」の人生設計

さらにもう一つ、私たちの生き方に役立つヒンドゥー教ならではの教えを紹介しましょう。

ヒンドゥー教には、人生を四つの期間に分ける考え方があります。「学生期《がくしょうき》」「家住期《かじゅうき》」「林住期《りんじゅうき》」「遊行期《ゆぎょうき》」の四つで、合わせて「四住期《しじゅうき》」といいます。それぞれの特徴は次のとおりです。

学生期……学びの時期
家住期……仕事と家庭を持つ時期
林住期……現役を引退して、森や林に住む時期
遊行期……諸国を放浪し、死の準備を行なう時期

ヒンドゥー教ではダルマ、アルタ、カーマが重視されていると書きました。それぞれ名声、財、愛欲といった意味でしたね。これらは主に家住期で得られるものです。ただ、その先にモークシャ（解脱）がある。このモークシャは林住期、遊行期で得られるのです。

かつての日本人、たとえば明治時代や大正時代、昭和前半の日本人は家住期で人生を終えた人が多かったと思います。人生五十年ほどの時代で、亡くなる少し前まで仕事に精を出し、人生を終えたのです。

ところが、ここ数十年、日本人の寿命は飛躍的に伸びました。男性なら八十代、女性であれば九十代の人も珍しくはありません。今の私たちは、人類未曾有《みぞう》の長寿時代を生きている状況にあります。

八十年、九十年、あるいは百年の人生を現役で生き通すぞ、と決意している人もいるでしょう。いわゆる生涯現役の生き方です。それも確かにすばらしい生き方だと思います。

その一方、四住期の生き方をめざすのも、またすばらしいと思います。仮に六十五歳で定

年になって、現役を退いたら、そののちは林住期、遊行期の人生を歩む。俗世間とは少し距離を置いて、人生の完成をめざして生きる。ダルマ、アルタ、カーマののちに辿り着けるであろうモークシャをめざして生ききる。今の私たちは、そうした人生を歩める時代を迎えたように思います。

インド独立とヒンドゥー教のグローバルパワー

第二次世界大戦後、インドがイギリスから独立する際に、宗教の力、つまりヒンドゥー教の力が政治の力と結びついて大きく発揮されました。

「インド独立の父」と称されるマハトマ・ガンディーはヒンドゥー教徒でした。一八六九年にインドで生まれ、十三歳のときにヒンドゥー教の伝統的な習慣にしたがって結婚しました。これまで何度も紹介した『バガヴァッド・ギーター』は、ガンディーの愛読書でもありました。それだけではなく、ガンディーは『バガヴァッド・ギーター』を解釈した本も著わしています。ただ、ガンディーはヒンドゥー教一辺倒だったわけではなく、キリスト教や仏教にも親しんでいました。

そのガンディーの母国であるインドは、十八世紀の後半からイギリスの植民地になっていました。そして一八七七年に、イギリス領インド帝国が成立します。そうしたイギリスによる長い植民地支配に反発し、インドの人たちは立ち上がったのです。

第一次世界大戦の際、イギリスは戦後の自治を約束して、インドに対し兵力と戦費の協力を求めました。ところが戦後、イギリスはインドに形式的な自治を認めただけで、その民族運動を弾圧します。

そこで立ち上がったのがガンディーでした。ガンディーは「非暴力・不服従」を掲げます。あなたたちイギリス人が暴力を振るっても、私たちインド人は暴力を振るいません。しかし、服従もしません。……これがガンディーの信念でした。

「殺さない」。これもガンディーの信条です。人も動物も殺さない。生きとし生けるものいっさいの生類《しょうるい》を大事にして、自然との共生も呼びかけました。

若いころは、弁護士になるためにロンドンに留学したこともあるガンディー。当時は洋服を着ていましたが、インドに戻ってからは民族衣装を着るようになります。

イギリス製の綿製品を着ることを拒み、インド伝統の手法による綿製品を着ることを国民にも呼びかけました。さらに、手織りの機械を使って、自ら糸を紡《つむ》ぎます。人々はインド各地でイギリス製の綿製品を積み上げては、火を放ちました。

また、イギリス政府が行なっていた塩の専売と塩への課税に対しては廃止を求め、三百数十キロメートルに及ぶ「塩の行進」を断行します。最後、ガンディーは海岸に到着すると、泥と塩の塊《かたまり》を掲げ、「これで私は大英帝国の土台を揺るがした」と語りました。暴力を振るわず、服従もしないとする信念を実践したのです。この行進の様子は国内外に報道され、大きな反響を呼びました。

英語を話せるインド人が英語を話せないインド人を搾取している。そうしたいわば〝英語帝国主義〟のような現状も排除すべきだと、ガンディーは主張しています。

ガンディーたちのこうした尽力はインド独立へとつながります。第二次世界大戦後の一九四七年、ついにインドはイギリスから独立を果たしたのです。

ただし、それはガンディーが望んだ形ではありませんでした。ガンディーはヒンドゥー教徒とムスリムの融和による独立を望んでいましたが、これはかなわず、インドとパキスタンの二国に分かれての分離独立だったのです。そして独立の翌年の一九四八年、ガンディーは狂信的なヒンドゥー教徒によって暗殺されてしまいました。

イギリスはキリスト教徒の多い国で、インドはヒンドゥー教徒の多い国です。帝国主義的な侵食を進めるキリスト教国イギリスに、ついに勝利したヒンドゥー教国インド。インドの独立は、そうした見方もできるかもしれません。

ガンディーの思想と行動に多大な影響を受けたアメリカのキング牧師は非暴力主義を掲げ、差別撤廃を求める黒人の公民権運動を展開しました。

キング牧師はプロテスタントの牧師でしたが、間接的とはいえ、ヒンドゥー教の影響も受けているといえるでしょう。とすると、ヒンドゥー教の力がアメリカ社会を大きく変えていった、という見方もできるのではないでしょうか。

数千年に及ぶ歴史を持つヒンドゥー教は、インドを中心に今も脈々と息づいています。意外なことにアメリカにも、この日本にも。そして、さまざまな宗教が今もこの世界を覆い、私たちの暮らしに大きな影響を与え続けているのです。

主な参考文献

●『ユダヤ人の歴史』（レイモンド・P・シェインドリン著、入江規夫訳、河出文庫）
●『アメリカはなぜイスラエルを偏愛するのか』（佐藤唯行著、新潮文庫）
●『イスラエルとは何か』（ヤコヴ・M・ラブキン著、菅野賢治訳、平凡社新書）
●『マルティン・ルター』（徳善義和著、岩波新書）
●『フランクリン自伝』（フランクリン著、松本慎一・西川正身訳、岩波文庫）
●『座右のニーチェ』（齋藤孝著、光文社新書）
●『イスラーム生誕』（井筒俊彦著、中公文庫）
●『イスラム教入門』（中村廣治郎著、岩波新書）
●『日本人のためのイスラム原論』（小室直樹著、集英社インターナショナル）
●『イスラーム基礎講座』（渥美堅持著、東京堂出版）
●『イスラム国 テロリストが国家をつくる時』（ロレッタ・ナポリオーニ著、村井章子訳、池上彰解説、文藝春秋）
●『イスラームとは何か』（小杉泰著、講談社現代新書）
●『仏教とは何か』（山折哲雄著、中公新書）
●『空海』（齋藤孝著、大和書房）
●『仏教 心を軽くする智慧』（齋藤孝著、日本経済新聞出版社）
●『はじめてのインド哲学』（立川武蔵著、講談社現代新書）
●『臨済録』（入矢義高訳注、岩波文庫）
●『インド思想史』（中村元著、岩波書店）
●『エリアーデ著作集 第九巻 ヨーガ1』（ミルチャ・エリアーデ著、立川武蔵訳、せりか書房）
●『ヒンドゥー教――インドの聖と俗』（森本達雄著、中公新書）
●『バガヴァッド・ギーターの世界』（上村勝彦著、ちくま学芸文庫）
●『バガヴァッド・ギーター』（上村勝彦訳、岩波文庫）
●『ヨーガと浄土』（立川武蔵著、講談社選書メチエ）
●『ヒンドゥー教の〈人間学〉』（マドレーヌ・ビアルドー著、七海由美子訳、講談社選書メチエ）

おわりに

世界の宗教は、多彩で、奥が深い。

この本を書きながら、改めてそう感じました。一つ語ろうとすると、「あれもこれも」という気持ちになってしまいます。

私が世界の宗教に興味を持ったきっかけは、中学生の時に、イザヤ・ベンダサンの『日本人とユダヤ人』を読んだことでした。当時は山本七平さんの筆名とももちろん知らず、素直にユダヤ教とはなんとも面白いものだと興味を抱きました。

高校時代には、鈴木大拙の本をきっかけに禅に興味を持ち、無心や悟りを体得しようと授業中に長くゆるく息を吐く呼吸法の修練をしたりしていました。部活でやっていたテニスに禅やヨガを応用できないかと工夫し、メンタル・タフネスを鍛えようと夢中でした。

大学受験のための浪人生活を上京して送るうちに、不安とさびしさと志が入りまじって、「人生とは何か」という問いにはまりこみ、『新約聖書』をバッハの宗教曲を聴きながら読んだり、道元の言葉に感じ入ったりしました。

東大入学後、マックス・ヴェーバーの宗教社会学について折原浩先生に教えて頂き、宗教を社会学的に考えることをその後も続けてきました。教育学の専門家として三十年間研究を続ける間も、悟りとは何か、心の平安をどのように実現するか、生の意味とは何かなど宗教につながる根本的な問いを考え、精神と身体の技法を追及してきました。

私の場合に限らず、宗教の根源的な問いは私たち一人ひとりにとって本来身近で切実なものです。キルケゴール、ハイデッガー、ニーチェといった哲学者の思索も宗教とつなげて理解することができます。

苦しい時に「救いが欲しい」、「魂が救われたい」と願うことはだれしもあるかと思います。特定の宗教を信じることはなくても、宗教を求める人と同じ感情を持つことはあります。世界中の人が、「生の不安」の解決を求めて真剣に宗教に向っています。それを理解することは、私たちの内面を振り返ることにもなります。

大心理学者のW・ジェイムズは古典的名著『宗教的経験の諸相』（岩波文庫）の中で、すべての宗教が合流する一様な意見として、不安からの解決を挙げています。より高い力と正しく結びつくことによって、私たちが生の狂いから救い出されている感じが解決です。

個を超えた、大きな根源的な力、崇高な価値。こうした力と価値を求めてやまない、人間の宗教的感情を理解することは、私たち自身の人生にとって大きな意味があります。

参考にさせて頂いた専門書籍はあまりに多く、今回は巻末に引用文献を中心にごく一部を記しました。多くの研究者の方々に感謝申し上げます。この本が形になるに当っては、平出浩さんとビジネス社の大森勇輝さんの御助力を頂きました。ありがとうございました。

二〇一六年一月

【著者】
齋藤　孝　（さいとう・たかし）
1960年、静岡県生まれ。明治大学文学部教授。東京大学法学部卒業。同大学院教育学研究科博士課程等を経て、現職。専門は教育学、身体論、コミュニケーション論。『身体感覚を取り戻す』（NHK出版）で新潮学芸賞受賞。『声に出して読みたい日本語』（草思社）がシリーズ260万部のベストセラーになり日本語ブームをつくる。
『仏教 心を軽くする智慧』（日本経済新聞社）、『声に出して読みたい新約聖書<文語訳>』（草思社）、『齋藤孝のざっくり！世界史』（祥伝社）、『座右のニーチェ』（光文社新書）、『雑談力が上がる話し方』（ダイヤモンド社）、『考え方の教室』（岩波新書）など著書多数。NHK Eテレ「にほんごであそぼ」総合指導、TBSテレビ「情報7days ニュースキャスター」TVコメンテーターとしても活躍中。

編集協力／平出　浩　撮影／外川　孝

日本人のための世界の宗教入門

2016年 2 月 2 日　第 1 刷発行

著　者　齋藤　孝
発行者　唐津　隆
発行所　株式会社ビジネス社
〒162－0805　東京都新宿区矢来町114番地　神楽坂高橋ビル5F
電話　03－5227－1602　FAX 03－5227－1603
URL　http://www.business-sha.co.jp/

〈カバーデザイン〉中村　聡　〈本文DTP〉茂呂田剛（エムアンドケイ）
〈印刷・製本〉モリモト印刷株式会社
〈編集担当〉大森勇輝　〈営業担当〉山口健志

ISBN978-4-8284-1865-0

ビジネス社の本

まちがいだらけの教えはいらない
ほんとうの宗教とは何か
白の巻

ひろさちや……著

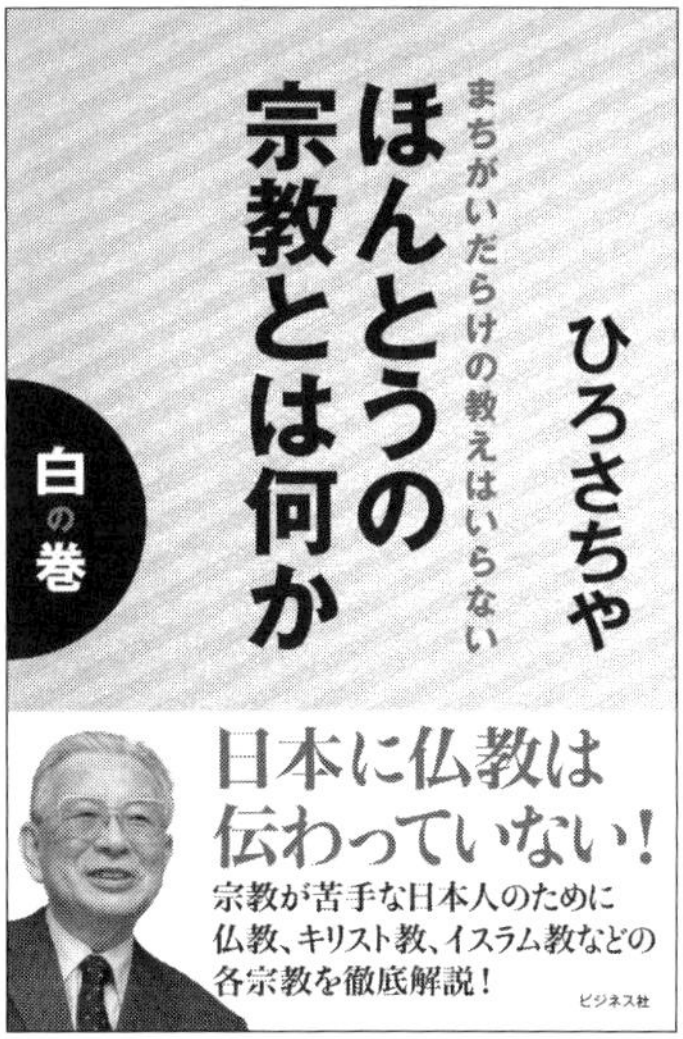

定価　本体1000円＋税
ISBN978-4-8284-1831-5

日本だけでなく、世界の宗教の歴史や誤解しやすい知識をやさしく教えてくれるひろさちや先生の宗教講義2時間目、開講！

宗教学の各論！　白の巻では日本古来の神道から仏教を経て、日本人が受けてきた影響や世界の宗教の特徴を具体的に説明！　日本に仏教は伝わっていない！　宗教が苦手な日本人のために仏教、キリスト教、イスラム教などの各宗教を徹底解説！

・宗教の常識がわかれば日本人はもっと幸せになる
・日本にはまっとうな仏教はなかった
・ユダヤ、キリスト、イスラムも同じ神様だった
・いつも為政者にねじ曲げられる各宗教　他

本書の内容

第1章　神道とは何だろう?
第2章　仏教とはなんだろう
第3章　一神教―ユダヤ教、キリスト教、イスラム教―とは何だろう
第4章　儒教とは何だろう?

ビジネス社の本

宗教心を失った日本人のための
ほんとうの宗教とは何か
青の巻

ひろさちや……著

ひろさちや
宗教心を失った日本人のための
ほんとうの
宗教とは何か
青の巻
「信じる」から「救われる」は
これ、大まちがい！
日本人の誤解を解決する
正しい信仰のあり方とは何か？
ビジネス社

定価　本体1000円＋税

ISBN978-4-8284-1830-8

日本だけでなく、世界の宗教の歴史や誤解しやすい知識をやさしく教えてくれるひろさちや先生の宗教講義1時間目、開講！

宗教学の総論！　青の巻では宗教そのものについての考え方、捉え方を周りの出来事や体験談から解説！　「信じる」から「救われる」はこれ大まちがい！　日本人の誤解を解決する正しい信仰のあり方とは何か？　人が二人いて、パンがひとつ。さぁどうしますか？

A　半分に分ける　**B**　一人だけが食べる
C　二人とも食べない　**D**　パンをもうひとつ買ってくる

——この答えであなたの宗教センスが問われる！（答えは本書に）

本書の内容

第1章　宗教とはなんだろう
第2章　宗教の根本を考えてみよう
第3章　宗教は「人生の問題」に関わる
第4章　宗教と道徳はどう違うの？
第5章　宗教心を失った日本人
第6章　宗教心のある暮らしへ